Christiane Gratenau

Von Rudolf Steiner zu Jesus Christus

Christiane Gratenau

Von Rudolf Steiner zu Jesus Christus

Meine Auseinandersetzung mit der Anthroposophie

BRUNNEN VERLAG GIESSEN/BASEL

ABCteam-Bücher erscheinen in folgenden Verlagen:
Aussaat- und Schriftenmissions-Verlag Neukirchen-Vluyn
R. Brockhaus Verlag Wuppertal
Brunnen Verlag Gießen
Christliches Verlagshaus Stuttgart
(und Evangelischer Missionsverlag)
Oncken Verlag Wuppertal und Kassel

Die Deutsche Bibliothek – CIP-Einheitsaufnahme

Gratenau, Christiane:
Von Rudolf Steiner zu Jesus Christus: meine Auseinandersetzung mit der Anthroposophie / Christiane Gratenau. – 7. Aufl. – Giessen; Basel: Brunnen-Verlag, 1992
(ABC-Team; 354)
ISBN 3-7655-2354-2
NE: GT

7. Auflage 1992

Umschlaggestaltung: Reinhold Adt
unter Verwendung eines Altarbildes
von M. Grünewald (Isenheimer Altar)
Satz: Typostudio Rücker & Schmidt, Niederkleen
Herstellung: St.-Johannis-Druckerei, Lahr

Inhalt

Vorwort

Als ich im Jahre 1957 zum ersten Mal mit der Anthroposophie in Berührung kam, hatten die Anthroposophen noch den Ruf einer sektiererischen Gemeinschaft und wurden für ein wenig seltsame Vögel gehalten. Das hat sich inzwischen geändert. Anthroposophie wird gesellschaftsfähig, und die Anthroposophen kommen immer mehr in den Ruf, ernstzunehmende Reformer aller gesellschaftlichen Lebensgebiete zu sein.

Fast jeder hat inzwischen seinen anthroposophischen Verwandten und Bekannten und weiß irgend etwas über die Anthroposophie und ihren Begründer Dr. Rudolf Steiner. Viele wissen allerdings auch nicht mehr, als daß die Waldorfschulen eben viel besser sein sollen als die öffentlichen Schulen, daß die homöopathische Heilweise der Anthroposophen einen Weg anbietet aus der offenbar eher krank- als gesundmachenden Schulmedizin, daß der biologisch-dynamische Landbau den Boden aufbaut statt vergiftet usw. usw.

Ich selbst habe drei Jahre lang in einer anthroposophisch orientierten Gemeinschaft gelebt, bestimmt von der Überzeugung, in der Anthroposophie die wahre Antwort auf alle wesentlichen Fragen des Lebens gefunden zu haben oder irgendwann noch zu finden. Diese Überzeugung habe ich inzwischen „abgelegt", und ich möchte berichten, wie es dazu gekommen ist. Aus meiner ganz persönlichen Sicht und aus meinen ganz persönlichen Erfahrungen heraus will ich darzustellen versuchen, was die Anthroposophie einem suchenden Menschen anzubieten hat, worin sie ihn in gewisser Weise täuscht und warum ich sie letztlich für eine Irrlehre halte.

Vor meinem persönlichen Bericht möchte ich aber für alle, die sich noch nicht mit der Anthroposophie beschäftigt haben, einige der wichtigsten Elemente dieser Weltanschauung darstellen mit Aussagen von Rudolf Steiner, die seine Lehre erhellen. Dann soll eine kritische Auseinandersetzung auf der Grundlage des christlichen Glaubens folgen. Zum einen deshalb, weil Steiner den Anspruch erhebt, mit seiner Anthroposophie eine Erneuerung des Christentums zu bringen, und zum anderen, weil ich nach mehrjähriger Beschäftigung mit der Anthroposophie in eben diesem „überholten" christlichen Glauben die Lebenshilfe und die Antwort auf meine Lebensfragen gefunden habe, die ich in der Anthroposophie letztlich doch vergeblich suchte.

Ich möchte gern dazu beitragen, daß wer immer sich heute für die Anthroposophie zu interessieren beginnt, *vorher* weiß, für welchen Gott, für welchen Christus und für welches Menschenbild er sich mit dieser geschlossenen Weltanschauung entscheidet und was er damit gegenüber den Inhalten des christlichen Glaubens verliert.

Es soll hier betont werden, daß ich mich bei meiner Arbeit an diesem Buch ganz bewußt und vertrauensvoll auf die sachlich erheblich differenzierteren Arbeiten anderer Autoren, insbesondere Vera Pierott, gestützt habe. Es ging mir nicht darum, eine weitere rein sachliche Auseinandersetzung mit der Anthroposophie aus christlicher Sicht zu führen, sondern um eine Zusammenfassung und Auswertung meiner persönlichen Erfahrungen mit der Anthroposophie und darum, in möglichst einfacher Form ein vielschichtiges, komplexes, in sich widersprüchlich scheinendes Menschen- und Weltbild zu umreißen.

Wer den Eindruck hat, daß meine Auseinandersetzung mit dem gewaltig großen Werk Steiners selbst viel zu begrenzt ist, um zu umfassenden und nach allen Seiten hin stimmigen Urteilen zu kommen, der mag auf die ausführlichen Arbeiten anderer Christen zurückgreifen.

Christiane Gratenau

ERSTER TEIL

Was ist Anthroposophie?

I. Wer war Rudolf Steiner?

Rudolf Steiner wurde am 27. Februar 1861 in Kraljević an der österreichisch-ungarischen Grenze geboren. Er war der Sohn eines Eisenbahnbeamten und wuchs in sehr einfachen Verhältnissen auf. Schon sehr früh hatte er Eindrücke und Erfahrungen, die ihn auf die Existenz einer Welt *hinter* den materiellen Dingen wiesen und die ihn so intensiv beschäftigten und beunruhigten, daß er es zunächst sehr schwer hatte, mit den alltäglichen Dingen des Lebens zurechtzukommen. Was er später über diese Kinderjahre schreibt, weist darauf hin, daß er mediale Fähigkeiten besaß.

Die Eltern Steiners waren katholisch, sein Vater dabei aber ein „Freigeist", und auch Steiner selbst hatte nie ein positives Verhältnis zur offiziellen katholischen Kirche. Starke Eindrücke empfing er aber von den kultischen Handlungen während der Gottesdienste. Er erlebte, wie er später schreibt, den Priester immer als Ausübenden des Kultus „in Vermittlung zwischen der sinnlichen und übersinnlichen Welt"[1].

Mathematik und Physik waren Steiners Lieblingsfächer, aber schon mit 14 Jahren setzte er sich mit den Philosophien Immanuel Kants auseinander. Neben seinem technischen Hochschulstudium in Wien beschäftigte er sich dann weiterhin vor allem mit der Philosophie und promovierte auch zum Dr. phil.

Lange Jahre hindurch galt sein ganzes Interesse Johann Wolfgang von Goethe. 1890 erhielt er den Auftrag, Goethes naturwissenschaftliche Schriften herauszugeben. Er siedelte dazu nach Weimar über und arbeitete dort am Goethe-Archiv.

1897 ging er nach Berlin, wurde Schriftleiter des „Magazins

für Literatur des In- und Auslandes“ und Dozent im Arbeiterbildungsverein. In dieser Zeit kam er in Berührung mit der „Theosophischen Gesellschaft“. Hier fühlte er sich wahrscheinlich zum ersten Mal geistig wirklich verstanden. So übernahm er dann 1902 für zehn Jahre das Amt des Generalsekretärs der „Deutschen Sektion der Theosophischen Gesellschaft“.

Da die Theosophie das Gedankengut enthält, das die spätere Anthroposophie Steiners stark beeinflußte und wohl überhaupt ihre Grundlage bedeutet, soll an dieser Stelle angedeutet werden, um was es sich handelt:

„Theosophie“ ist Lehre von Gott, „Gottesweisheit“. Das Lexikon fügt hinzu:

> „Wissen von Gott durch unmittelbare Erkenntnis oder Schauung auf Grund des Innenvolumens göttlicher Kräfte im Menschen.“[2]

Die Wurzeln der Theosophie sind im Abendland und in Indien zu suchen.

Die Ziele der „Theosophischen Gesellschaft“, die 1875 in New York von Helene P. Blavatsky und Oberst Henry Steel Olcott begründet wurde, sind:

1. Bildung eines Kerns der allgemeinen Bruderschaft der Menschheit ohne Unterschied von Rasse, Nation, Religion, Stand oder Geschlecht;
2. Anregung zum vergleichenden Studium der Religionen, Philosophien und Wissenschaften;
3. Erforschung der noch ungeklärten Naturgesetze sowie der im Menschen verborgen ruhenden Seelenkräfte.

Die Theosophie will also Philosophie, Wissenschaft und Religion zugleich sein. Wesentlich dabei ist, wohl auch besonders für Rudolf Steiner, daß sie zur Erforschung der dem Menschen verborgenen Welten ganz bewußt hellseherische Fähigkeiten einsetzen will. So war die Mitbegründerin der „Theosophischen Gesellschaft“, Helene Blavatsky, eine Frau mit medialen Fähigkeiten, die nach eigenen Aussagen Umgang mit „Meistern der Weisheit“ aus der übersinnlichen Welt hatte. Sie sammelte einen Kreis von Eingeweihten um sich, dem sie weitergab, was ihr von solchen Meistern diktiert wurde. Das Auftreten dieser Frau war stets spektakulär; einerseits gewann sie viele Anhänger, andererseits versuchte man, ihr „raffinierte okkulte Betrügereien“ nachzuweisen.

In der Zeit, in der Rudolf Steiner Kontakt mit den Theosophen aufnahm, war Annie Besant Präsidentin der Theosophischen Gesellschaft geworden. Sie wollte 1913 den Hinduknaben Krishnamurti zum reinkarnierten (wiederverkörperten) Christus ausrufen lassen, und es kam zwischen ihr und Steiner zum Bruch. Er wurde aus der Gesellschaft ausgeschlossen; kurz danach erfolgte die Auflösung der Deutschen Sektion und die Begründung der „Anthroposophischen Gesellschaft“.

Bis zu seinem Tode im Jahre 1925 bestand das Wirken Steiners vor allem in einer fast ununterbrochenen Vortragstätigkeit und in schriftstellerischer Arbeit.

In den Jahren 1913/14 wurde unter seiner Anleitung in dem Schweizer Ort Dornach das „Goetheanum“ gebaut. Am Silvesterabend des Jahres 1922 fiel dieses erste Goetheanum einer Brandstiftung zum Opfer. Erst nach Steiners Tod, aber noch auf der Grundlage eines von ihm entwickelten Modells entstand dort das zweite Goetheanum, die „Freie Hochschule für Geisteswissenschaft“, bis heute Zentrum der Anthroposophischen Gesellschaft.

In Verbindung mit seinen Vorträgen entstanden auf allen nur denkbaren Gebieten des gesellschaftlichen Lebens neue anthroposophische Bewegungen und Einrichtungen:

- die Waldorf-Pädagogik mit den Waldorfschulen;
- die anthroposophische Heilpädagogik mit den Heimen für behinderte Menschen;
- die anthroposophische Heilkunst mit den Arzneimittelbetrieben „WELEDA“ und „WALA“ und anthroposophischen Krankenhäusern;
- die biologisch-dynamische Anbauweise in der Landwirtschaft, deren Produkte zum großen Teil unter dem Begriff „DEMETER“ verkauft werden;
- die „Dreigliederung des sozialen Organismus“, eine Bewegung zur Erneuerung des gesellschaftlichen Lebens;

- die Christengemeinschaft, eine Bewegung zur Erneuerung des religiösen Lebens;
- eine neue Rezitations- und Deklamationskunst, auch unter der Bezeichnung „Sprachgestaltung“ bekannt;
- die Eurhythmie, eine neue Bewegungskunst;
- Impulse in Plastik, Malerei und Architektur.

Zu all diesen Themen- und Lebenskreisen gibt es eine Fülle von Veröffentlichungen, zahlreiche Bücher, Aufsätze und etwa 6000 Vorträge.

Als Steiners wichtigste Werke gelten:
„Wie erlangt man Erkenntnisse der höheren Welten?“,
„Die Philosophie der Freiheit“,
„Theosophie, Einführung in übersinnliche Welterkenntnis und Menschenbestimmung“,
„Die Geheimwissenschaft im Umriß“,
„Die Kernpunkte der sozialen Frage“,
„Mein Lebensgang“.

Gehört man der anthroposophischen Szene an, so lebt man unter Umständen recht lange in der Täuschung, daß alles, was die Bezeichnung „anthroposophisch“ trägt, von Steiner selbst „erfunden“ worden sei. In Wirklichkeit ist fast alles, was Anthroposophie und ihre Tochterbewegungen ausmacht, auf Bekanntes zurückzuführen. Die Anthroposophie enthält Elemente aus den verschiedensten Religionen, insbesondere den östlichen; der Geheimpfad kommt aus der Theosophie und aus anderen Geheimlehren; die Waldorfpädagogik mit ihrem Schwerpunkt der künstlerischen, handwerklichen, gartenbaulichen Erziehung enthält viele Elemente aus anderen pädagogischen Richtungen wie z.B. der Landschulheimbewegung von Hermann Lietz. Die Eurhythmie enthält Parallelen zu heidnischen Tempel- und Mysterientänzen. Die Homöopathie ist eine Entdeckung Samuel Hahnemanns, der ebenfalls den östlichen Religionen verbunden war, und auch die biologisch-dynamische Anbauweise hat ihre Vorläufer in den verschiedensten Bestrebungen mit dem Ziel „Zurück zur Natur“.

II. Was ist Anthroposophie?

Sie ist eine Erkenntnislehre, eine Sicht vom Menschen, die ihn als Angehörigen zweier Welten versteht. Mit seinem Körper und seinen leiblichen Sinnesorganen lebt er nach der Anthroposophie in der irdischen, mit seiner Seele und seinem Geist gleichzeitig in der geistigen Welt. Die geistige Welt wird als eine selbständige und höhere Welt angesehen. Diese geistige Welt ist dem Menschen nicht bewußt; er lebt, ohne etwas von ihr zu wissen. Steiner fordert nun, daß der moderne Mensch zur Bewältigung der Probleme seines vom Materialismus geprägten Lebens diese geistige Welt kennenlernen muß, der er ja auch angehört; daß er es lernen muß, aus der Einsicht und der Erkenntnis jener geistigen Welt heraus seine Handlungen und Entscheidungen zu bestimmen. Der Mensch muß also sozusagen parallel zu den Sinnesorganen, mit denen er die äußere Welt erfaßt und wahrnimmt, Sinnesorgane zur Wahrnehmung der geistigen, inneren Welt ausbilden. Diese Sinnesorgane – sie werden *Lotusblumen* genannt – können laut Steiner von jedem Menschen entfaltet werden und sind an verschiedenen Stellen des Körpers, z.B. in der Nähe des Herzens oder in der Nähe des Kehlkopfes, angelegt.

> „Es schlummern in j e d e m* Menschen Fähigkeiten, durch die er sich Erkenntnisse über höhere Welten erwerben kann."[3]

Wie diese Fähigkeiten zur Entfaltung gebracht werden können, wie also jeder Mensch dazu kommen kann, mit den neu entwickelten Sinnesorganen in die geistige Welt zu blicken, beschreibt Steiner in seinem Buch „Wie erlangt man Erkenntnisse der höheren Welten?". Dazu später noch mehr. Hier sei nur soviel hinzugefügt: Rudolf Steiner hat nach eigenen Angaben diese Lotusblumen in sich ausgebildet. Er müßte eigentlich auch den Schulungsweg bis zum vorläufigen Zielpunkt seiner persönlichen Vollkommenheit selbst gegangen

---

* G e s p e r r t e Hervorhebungen im Original, *kursive* Hervorhebungen von mir.

sein. Könnte er ihn uns sonst schildern? Ausdrücklich betont er immer wieder, daß er nichts, absolut gar nichts von dem, was er aussagt, aus anderen Philosophien, Weltanschauungen oder Lehren übernommen, sondern alles in der geistigen Welt geschaut hat. Wenn also die Aussagen der Anthroposophie in der viel früher entstandenen theosophischen Literatur oder etwa in gnostischen und mystischen Schriften wiederzufinden sind, dann bedeutet das Steiner zufolge nicht, daß er sie dort abgeschrieben hat. Er hat sie vielmehr in der geistigen Welt geschaut und dann in den Aussagen der schon zuvor existierenden Bewegungen bestätigt gefunden. Mit anderen Worten: Die alten Schriften bestätigen nicht die Richtigkeit seiner Sicht, sondern er bestätigt die Richtigkeit der alten Schriften (einschließlich der Bibel) – oder deckt deren Irrtümer auf. Wo also keine Übereinstimmung besteht, erweisen sich die Schriften und Lehren anderer als falsch.

> „Was ich an Geist-Erkenntnis habe, ist durchaus Ergebnis meiner eigenen Forschung. Nur, wenn sich mir eine Erkenntnis ergeben hat, so ziehe ich dasjenige heran, was von irgendeiner Seite an ‚altem Wissen' schon veröffentlicht ist, um die Übereinstimmung und zugleich den Fortschritt zu zeigen, der der gegenwärtigen Forschung möglich ist."[4]

Glaubt man Steiner, so war er einer der großen Hellseher oder „Eingeweihten", der seine geistigen Sinnesorgane so weit ausbilden konnte, daß er in der geistigen Welt ebenso zu Hause war wie in der sinnlichen. Er war „Bürger beider Welten"[5]. Er sah Farben, Formen, hörte Töne der geistigen Welt, die eben nur mit den entsprechenden Organen wahrgenommen werden können. Er „las" in der geistigen Welt wie in einem Geschichtsbuch; anthroposophisch oder geheimwissenschaftlich heißt das: Er konnte in der „Akasha-Chronik" lesen.

> „Die Akasha-Chronik ist die unsichtbare Geschichte des gesamten Weltgeschehens. Alle Ereignisse der Vergangenheit, Gegenwart und Zukunft hinterlassen im Weltäther ihre Spuren, so daß der Hellseher wie in einem Buch das Sein und Geschehen aller Zeiten ablesen kann. Darum hat

der ‚Meister' im Hellsehen auch vollkommenen Einblick in die Entstehungs- und Entwicklungsgeschichte des Kosmos, des Weltalls. Er sieht das Werden der Welt vom Reingeistigen durch alle Stadien hindurch bis zur Rückkehr in das Reingeistige."[6]

In der Akasha-Chronik hat Steiner zum Beispiel auch gelesen, daß zu Beginn der Welt alles Geist war, daß es also am Anfang nur eine geistige Welt gab. Dann bildete sich die Materie aus dem Geist, so wie sich etwa Eisklümpchen auf der Oberfläche des Wassers bilden können. Materie und Geist sind also lediglich zwei unterschiedliche Erscheinungsformen ein und derselben Sache. Das Ziel der Erdenentwicklung liegt nach Steiner darin, daß alles Materielle sich wieder in das Geistige auflöst, diesmal aber durch bewußte Mitarbeit des Menschen an diesem Ziel. Die Materie bietet dem Menschen die Möglichkeiten, sich zu entwickeln, zu seinem höheren Wesen zu gelangen und dadurch die Materie schließlich zu überwinden (Überwinden des Hungertriebes durch eigene geistige Kraft wäre nach meinem Verständnis z.B. ein solcher Vorgang). Indem der Mensch bewußt an sich arbeitet, kann er sich also in zunehmendem Maße von materiellen Abhängigkeiten befreien. Andererseits könnte ohne die materiellen Verlockungen dieser Prozeß gar nicht stattfinden – deshalb ist die Materie oder die materielle Welt für die geistige Höherentwicklung des Menschen unentbehrlich und notwendig.

Der Hellseher, der seine Fähigkeit durch den anthroposophischen Erkenntnisweg erlangt hat, kann z.B. zuletzt leibfrei denken und wahrnehmen und damit nach eigenem Belieben in der geistigen oder in der materiellen Welt leben. Er ist am Ziel der menschlichen Höherentwicklung und Vergeistigung angelangt. Nun sollte er auch seinen Mitmenschen dazu verhelfen.

Zu dieser Anschauung und zu diesem Weltbild gehört die Lehre von „Karma und Reinkarnation". Sie kommt aus dem Indischen. „Karma" heißt „die Tat", und „Reinkarnation" meint „Wiederverkörperung". Nach dieser Lehre muß u.a. jede böse Tat unabänderlich gesühnt werden. Jede einzelne

Sünde, die ich begangen habe, muß ich in diesem oder in einem meiner nächsten Leben wiedergutmachen. Im Gegensatz zum christlichen Glauben erlöst hier also nicht Jesus Christus den Menschen von seiner Schuld, sondern dieser muß sie selbst abtragen, selbst wieder ausgleichen. Menschen, mit denen ich z.B. in diesem Leben schlecht zurechtgekommen bin, werde ich im nächsten Leben in einer anderen Lebenssituation und in einer anderen Leiblichkeit wieder begegnen, damit wir unsere Schwierigkeiten lösen können. Ich begegne einem Problem, das ich in dem einen Leben aufgrund meiner Fehler und Schwächen nicht lösen konnte, also in einer anderen äußeren Situation wieder, die eine Lösung nunmehr vielleicht möglich macht. Habe ich z.B. einen Menschen unterdrückt oder mißachtet, dann werde ich ihm möglicherweise in einem nächsten Leben in umgekehrter Rollenverteilung wiederbegegnen.

Oder:

> „Wer viel lügt oder Neigung hat, leichten Herzens dieses oder jenes anzunehmen, der wird ein leichtsinniger Mensch in der nächsten oder einer nächsten Inkarnation werden."[7]

Das Beispiel ist nicht gut, denn wer leichten Herzens „dieses oder jenes annehmen mag", ist ja schon in dieser Inkarnation leichtsinnig. Aber die Aussage ist typisch für Steiner und soll deshalb stehenbleiben.

Zur näheren Erläuterung der Inkarnationslehre ist auch das Menschenbild der Anthroposophie wichtig.

Der erwachsene Mensch hat danach vier „Wesensglieder", die nacheinander geboren werden:

1. Der physische Leib

Das Kind hat bis zu seinem 7. Lebensjahr nur diesen physischen Leib, der das Wollen und die unbewußten Antriebe lenkt.

2. Der Ätherleib

Im 7. Lebensjahr, verbunden mit dem Zahnwechsel, wird der Ätherleib geboren. Er ermöglicht das Fühlen, d.h., erst jetzt kann das Kind richtig traurig sein oder wirklich froh. Geschautes kann zu inneren Bildern verarbeitet werden.

3. Der Astralleib

Im 14. Lebensjahr, verbunden mit dem Eintritt in die Pubertät, wird der Astralleib geboren. Jetzt erzeugt die Seele Denken und Bewußtsein. Eigene Urteilskraft wird gebildet.

4. Das Ich

Mit 21 Jahren wird das Ich, der Geist, geboren. Es ist der ewige Wesenskern des Menschen, der ihn mit dem Göttlichen eint – so Steiner.

> „Wie der Tropfen sich zu dem Meer verhält, so verhält sich das ‚Ich' zum Göttlichen … Der Mensch kann in sich ein Göttliches finden, weil sein ureigenstes Wesen dem Göttlichen entnommen ist."[8]

Und:

> „… fassen Sie das auf, was Sie sind, als Prozeß, als Vorgang im Kosmos, was es in Wirklichkeit ist, dann können Sie sagen: Ich selber bin ein Atemzug des Kosmos."[9]

Das Ich befindet sich nicht in der Leibesorganisation. Es ist nicht vom Leib abhängig und kann außerhalb des Leibes leben.

Astralleib und Ich können sich vom physischen und Ätherleib trennen, wie es z.B. beim Schlafen geschieht. Im Idealfall ist das Zusammenwirken der vier Wesensglieder harmonisch; es können aber auch Störungen auftreten, die dann Krankheit des physischen Leibes bedeuten.

Im folgenden sei einmal ausführlicher dargestellt, wie genau und bestimmt sich die anthroposophische Forschung äußert, wenn es um unsichtbare Vorgänge geht:

> „Für die anthroposophische Forschung sind auch die drei übersinnlichen Glieder des menschlichen Wesens unmittelbar anzuschauen und daher Gegenstand gesicherter Wissenschaft."[10]

So liegen folgende „gesicherte geisteswissenschaftliche" Forschungsergebnisse über die Tätigkeiten der übersinnlichen

Wesensglieder während des Schlafes und während des Todes vor. Sie sind entnommen dem Buch von Otto Fränkl-Lundborg: „Was ist Anthroposophie? (Herausgegeben von der Freien Hochschule für Geisteswissenschaft in Dornach):

Schlaf

Im Schlaf ziehen sich Astralleib und Ich heraus aus dem physischen Leib und dem Ätherleib und erholen sich in ihrer Heimat, der geistigen Welt. Außerdem wandern sie den letzten Wachzustand gleichsam zurück und werden dabei dazu angehalten, sich über alles Getane, Gesagte und Gedachte ein objektiv richtiges Urteil zu bilden. Dabei helfen geistige Wesen, die über dem Menschen stehen und sich nie verkörpern müssen.

Der Ätherleib bessert im Schlaf den abgenützten physischen Leib aus.

Beim Erwachen vereinigen sich die vier Wesensglieder wieder.

Tod

Im Tod lösen sich Ätherleib, Astralleib und Ich von dem physischen Leib, der sich zersetzt. Der Verstorbene erlebt nun zunächst sein Lebenspanorama, d.h. sein gesamtes Leben und Erleben zieht noch einmal an ihm vorbei:

> „Das Panorama ist der Anblick des Ätherleibes, der sich dem Astralleib und Ich darbietet.“[11]

Dann verschwimmt das Panorama, und der Ätherleib löst sich auf. Astralleib und Ich befinden sich nun auf ihrer Wanderung durch die Seelenwelt. Es folgt eine Epoche der Läuterung des Astralleibes.

Der Astralleib hat sich viele Begierden eingeprägt, über körperliche hinaus. Nun geht es darum, daß er sich diese Begierden abgewöhnt, daß er sich läutert.

„Heftiges Entbehren wird als ‚brennend' empfunden. So ist die Vorstellung vom ‚Fegefeuer' entstanden."[12]

Wenn dieses Abgewöhnen von Begierden erfolgt ist – wobei mir unklar geblieben ist, wie das in der höheren Welt vor sich geht –, folgt ein weiteres Haupterlebnis in der Seelenwelt. Und zwar tritt der Tote nun einen Rückweg durch die Zeit seines vergangenen Erdenlebens an. Auf diesem Rückweg erlebt er das, was er anderen Lebewesen an Gutem und Bösem angetan hat, und erleidet das Zugefügte jetzt an sich selbst. Er erlebt die Summe der unbewußten, moralischen Schlaferlebnisse. Hier weiß die anthroposophische Forschung auch exakt anzugeben, wie lange dieser Rückweg dauert, nämlich etwa ein Drittel unseres Erdenlebens, da wir ja etwa ein Drittel unseres Erdenlebens schlafen.

Der Tote hat nun erlebt, was er an Schuld in seinem Erdenleben auf sich geladen hat, und

„sehnt sich danach, es wieder ordnen zu können."[13]

Wenn der Tote am Zeitpunkt seiner Geburt angelangt ist, dann hat sich der Astralleib aufgelöst. Er besteht jetzt nur noch aus dem Ich, das im folgenden in die geistige Welt eintreten darf. Dort findet es unter anderem die Toten, zu denen es in seinem Leben eine Beziehung hatte. Es finden unmittelbar geistige Begegnungen statt.

Nun wird die Wiederverkörperung des Ich geplant. Welcher Leib, welches Elternpaar, welche Lebenssituation ist dem Ich für eine Wiederverkörperung angemessen? Mit Hilfe geistiger, schöpferischer Wesenheiten wird Antwort auf diese Frage gesucht, und schließlich zieht es das Ich unwiderstehlich zur Erde hinab. Bei diesem Abstieg wird es

„mit einem neuen, ihm angemessenen Astralleib umhüllt."[14]

Dann kommt ein Ätherleib hinzu. Und schließlich tragen göttliche Wesen den Menschen zu einem neuen Elternpaar hin. Nun werden nach und nach die vier Wesensglieder geboren, zuerst der physische Leib, dann der Ätherleib, der Astralleib, schließlich das Ich.

Mir ist dabei leider unklar geblieben, was Ätherleib, Astralleib und Ich solange machen, bis sie im 7., 14. und 21. Lebensjahr schließlich geboren werden.

III. Anthroposophie und christlicher Glaube

Der Steinersche Weg versteht sich als ein Weg zur „Erkenntnis der Wahrheit". Da er die Bibel nicht verwerfen und sich von ihren Inhalten nicht lossagen will, muß er seine Lehre irgendwie mit ihr und dem Wort Jesu in Einklang bringen:

„Ich bin der Weg, die Wahrheit und das Leben", Johannes 14,6.

Das geschieht so: Steiner erklärt, seine Anthroposophie sei kein anderer Weg zur Erkenntnis der Wahrheit als das Christentum, sondern brächte dessen Erneuerung. Aus der geistigen Welt heraus könne seine Lehre nun die christlichen Glaubensinhalte mit einem tieferen Sinn füllen und gleichzeitig die Ursachen und Hintergründe aller in der Bibel geschilderten Geschehnisse verständlich machen. Dies gelte insbesondere für das Neue Testament. Steiner bringt dem modernen Menschen das Wissen, das er aufgrund seines erwachenden Bewußtseins braucht und das ihn davon befreit, glauben zu müssen.

„Nicht glauben können, das heißt auf Autorität hin annehmen, sondern wissen, wie man wissenschaftlich weiß, wollen Unzählige: wer war und ist der Christus?"[15]

Diejenigen, die noch an alte Glaubenstraditionen gebunden sind, vereint Steiner in der Christengemeinschaft, der er zwar nicht angehörte, die er jedoch mit den wesentlichen anthroposophischen Impulsen versehen hat.

Deshalb sollen hier noch die wichtigsten Begriffe und Inhalte des Christentums aus anthroposophischer Sicht geklärt werden.

1. Gott

Es ist ziemlich schwer, eindeutig herauszufinden, wen oder was Steiner unter diesem Begriff versteht. Sicher ist wohl, daß er den Gedanken eines persönlichen, unendlichen Schöpfergottes abgelehnt hat. So heißt es z.B. im Bekenntnis der Christengemeinschaft:

„Ein allmächtiges, geistig-physisches Gotteswesen ist der Daseinsgrund der Himmel und der Erde, das väterlich seinen Geschöpfen vorangeht."[16]

An anderer Stelle wird nur vom „väterlichen Daseinsgrund" gesprochen oder davon, daß die Welt geleitet wird durch göttlich-geistige Wesenheiten, von denen Gott die oberste ist. Diese Wesenheiten vollbringen in seinem Auftrag „Schöpfertätigkeiten".

Das folgende Zitat aus Steiners „Methodische Grundlagen der Anthroposophie" drückt wohl nicht seine durchgängige Überzeugung aus – er spricht später doch wieder von einem „Weltenlenker" –, aber es macht verständlich, warum der Begriff „Gott" in seinen Büchern selten vorkommt – obwohl es sich bei der Anthroposophie doch um einen „Weg zur Wahrheit" handelt. So schreibt er:

„Wir sollten endlich zugeben, daß der Gott, den eine abgelebte Menschheit in den Wolken wähnte, in unserem Herzen, in unserem Geiste wohnt. Er hat sich in voller Selbstentäußerung ganz in die Menschheit ausgegossen. Er hat für sich nichts zu wollen übrigbehalten, denn er wollte ein Geschlecht, das frei über sich selbst waltet. Er ist in der Welt aufgegangen ... Es gibt einen Gott in der Geschichte nicht, er hat aufgehört zu sein um der Freiheit der Menschen willen, um der Göttlichkeit der Welt willen ... Die Menschheit ist die Lenkerin ihres eigenen Geschickes."[17]

Ich möchte schon an dieser Stelle auf einen Widerspruch hinweisen, der deutlich machen kann, in welchen Strudel schwerverständlicher Gedankengänge man hineingerissen wird, wenn man versucht, Steiner zu verstehen. In seinem Buch „Wie erlangt man Erkenntnisse höherer Welten?" sagt Steiner auf Seite 185 nämlich folgendes (es wird zu einem Menschen gesprochen, der sich auf einer höheren Stufe seiner Entwicklung befindet):

„Über dir walteten bisher Mächte, welche dir unsichtbar waren. Sie bewirkten, daß während deiner bisherigen

Lebensläufe jede deiner guten Taten ihren Lohn und jede deiner üblen Handlungen ihre schlimmen Folgen hatten ... Sie verursachten dein Schicksal. Sie bestimmten das Maß von Lust und Schmerz, das dir in einer deiner Verkörperungen zugemessen war, nach deinem Verhalten in früheren Verkörperungen. Sie herrschten über dir in Form des allumfassenden Karmagesetzes."[18]

Lenkt die Menschheit sich also doch nicht selber? Ist sie statt dessen fest eingebunden in das allumfassende Karmagesetz? Es hört sich in diesem zweiten Zitat ganz so an, als bestimmten unsichtbare Mächte außerhalb des Menschen sein Schicksal, indem sie Lohn und Strafe austeilen. Worin liegt dann die versprochene Freiheit für den Menschen durch das Abtreten Gottes?

Ich kann Steiner nicht anders verstehen, als daß die Herrschaft Gottes an „unsichtbare Mächte" abgegeben wird, von denen nicht gesagt ist, ob sie wie Gott „gütig, gnädig, liebevoll, barmherzig, freundlich und geduldig" sind.

2. Jesus Christus

Steiner trennt „Jesus" und „Christus" und betrachtet den Namen Jesus Christus als Ausdruck für ein „Doppelwesen".

Jesus – das ist der Mensch, der in seinem dreißigsten Lebensjahr bei der Jordantaufe seine leibliche Hülle dem Gott „Christus" zur Verfügung stellt, damit dieser sich in ihn hineininkarnieren kann. Um das verstehen zu können, sei an die vier Wesensglieder des Menschen erinnert (siehe Seite 16f.). In diesem Zusammenhang hat Steiner nun folgendes in der Akasha-Chronik „geschaut“:

Es gab nicht nur einen Jesus-Knaben, sondern zwei. Der eine stammte von Nathan ab, der andere von Salomo. Beide Knaben hatten Eltern, die Maria und Joseph hießen. Der nathanische Knabe war Jesus von Nazareth, der salomonische Knabe Jesus von Bethlehem.

Bis zum 12. Lebensjahr der beiden Knaben waren die nathanische Maria und der salomonische Joseph gestorben, die Restfamilien vereinigten sich.

Der *Astralleib* des Jesus von Nazareth enthielt „eine Art Astralleib des Buddha“[20].

Im *Ich* des Jesus von Bethlehem lebte die Individualität des Zarathustra.

Im 12. Lebensjahr der beiden Knaben geht nun das Zarathustra-Ich aus dem Jesus von Bethlehem in den Jesus von Nazareth hinein. (Ich habe keine Begründung dafür gefunden, warum das Zarathustra-Ich sich nicht gleich in Jesus von Nazareth inkarniert hat, dann wären auch für Steiner nicht zwei Jesusknaben nötig gewesen.)

Der Jesus von Bethlehem stirbt mit zwölf Jahren. Bei der Jordantaufe geschieht nun nach Steiner folgendes: Das Zarathustra-Ich vereinigt sich mit dem in die geistige Welt entrückten Ätherleib des Jesus von Bethlehem, nachdem es 18 Jahre lang im Jesus von Nazareth gelebt hat. (Laut Steiner wird das Ich ja eigentlich erst mit 21 Jahren geboren.) Durch die Einwohnung der Wesensglieder so hochstehender Persönlichkeiten, wie Buddha und Zarathustra es waren, steht nun in Jesus von Nazareth eine dreifach geläuterte Hülle bereit. In ihn hinein senkt sich ein hohes kosmisches Sonnenwesen, „der Christus“. Drei Jahre lang bewohnt er den Jesus, bis er ihn kurz vor der Gefangennahme durch die Soldaten wieder verläßt. Am Kreuz hängt und leidet nicht Gott, sondern der Mensch Jesus von Nazareth. Trotzdem heißt es bei Steiner nun weiter, daß das Blut des Christus in die Erde floß. Es bewirkte, daß der Sonnengott nunmehr Gott der Erde wurde und damit in unmittelbare Nähe zu den Menschen und der Menschheitsentwicklung trat.

„Damals, als das Kreuz erhöht wurde auf Golgatha und das Blut rann aus den Wunden des Christus Jesus, da wurde ein neuer, kosmischer Mittelpunkt geschaffen …

Die Zukunft dieser Entwickelung (der christlichen, Anm. d.V.) besteht darinnen, daß wir in der ganzen Erde sehen den Körper des Christus. Denn der Christus ist seit jener Zeit in die Erde eingezogen, hat in der Erde einen neuen Lichtmittelpunkt geschaffen und durchdringt die Erde, leuchtet in die Welt hinaus und ist ewig in der Erdenaura verwoben.“ [21]

Die Herkunft des Christus wird so beschrieben, daß er der „hohe Sonnengott“ war oder das „hohe, kosmische Sonnenwesen“ oder der „hohe, sonnenhafte Schöpfergeist unseres Kosmos“. Von der Sonne aus, oder „von Sonnenhöhen aus“, hat er die Menschheit immer begleitet. Nun verbindet er sich mit der Erde und läßt seine kosmischen Sonnenkräfte in sie hineinströmen, um den notwendigen Vergeistigungsprozeß der Erde, der Materie einzuleiten. Seine „Auferstehungskräfte“ teilen sich allen Menschen ohne ihr Zutun mit, so daß ein jeder fortan die Möglichkeit hat, seine geistige Aufwärtsentwicklung aus sich selbst heraus zu betreiben.

Der Bibel zufolge war Jesus Christus aber von Geburt an zugleich Gott und Mensch. Dagegen las Steiner in der Akasha-Chronik, daß Gott den Menschen Jesus nur drei Jahre lang „bewohnte“. Dieser Gott ließ sich auch nicht kreuzigen, sondern verließ den Leib des Menschen Jesus rechtzeitig. Am Kreuz hing nur der Mensch, bestenfalls „umschwebt“ von einem Gott.

„Ihn selbst konnten die Feinde und Häscher nicht greifen…“[22]

Ich möchte wissen, was ein Mensch, der irgendwo auf der Welt von anderen Menschen gequält und gefoltert und eingekerkert wird, mit so einem Gott anfangen soll. Und es ist seltsam, daß hier auch die Christengemeinschaft, die ja doch eine enge Verbindung zur Bibel betont, keine Einwände erhebt.

3. Geist

Steiner unterscheidet nicht wie die Bibel zwischen dem Geist des Menschen und dem Geist Gottes, dem Heiligen Geist. Für ihn gibt es nur einen Geist, aus dem sich alles entwickelt hat und in den auch alles zurückkehrt. Soweit ich sehe, ist der Begriff „Geist“ bei Steiner mit dem Begriff des „Göttlichen“ gleichzusetzen: Der Geist ist das Göttliche im Menschen, und mit seinem Geist hat er Anteil am Göttlichen der Welt.

4. Das Böse

Bei Steiner hat das Böse zwei Gesichter: „Luzifer“ und „Ahriman“. „Luzifer“ meint „Weltflucht“, das ist also das Prinzip der geistigen Schwärmerei ohne Beziehung zu den Aufgaben, die die materielle Welt an den Menschen stellt, und „Ahriman“ meint „Weltsucht“. Er ist der Materialist, der den Menschen an seiner geistigen Weiter- und Aufwärtsentwicklung hindern und ihn an die Materie binden will. Zwischen beiden kämpft nun der Steinersche Mensch um die gesunde Mitte: Er soll aus der Erkenntnis der geistigen Welthintergründe die Materie ergreifen und sie vergeistigen. Konkret geht es dabei um die Befreiung vom Materialismus und allen materialistisch geprägten Denk- und Handlungsweisen. Das soll aber nicht so geschehen, daß sich der Mensch von der Welt zurückzieht, ins Geistige flieht, um etwa nur noch zu meditieren, sondern er soll den Materialismus geistig überwinden.

Nach Steiner sind die Widersachermächte nicht absolut böse; sie sind das „zurückgebliebene Gute“ und haben durch dieses Zurückbleiben der Menschheit sogar ein „kosmisches Opfer“ gebracht.

> „Das Böse ist das, was dem Werden des Guten nicht Schritt zu halten vermag, was der göttlichen Weltentwicklung ‚nachhinkt‘.“ [23]

Einer, der dem Guten „nachhinkt“, ist immerhin auf dem richtigen Wege. Nach der Bibel sind aber Gott und das Böse absolute Gegensätze, die nicht durch eine Läuterung des Bösen überwunden werden, sondern letztendlich durch seine Vernichtung.

5. Sünde

Da die Anthroposophie das Böse lediglich als das zurückgebliebene Gute ansieht, kann sie den Begriff „Sünde" auch nicht im biblischen Sinne gebrauchen, also als „Abwendung von Gott", die sich im Ungehorsam und dem Übertreten der Gebote Gottes äußert. Steiner schreibt:

> „Freiheit ist unmöglich, wenn etwas außer mir (mechanischer Prozeß oder nur erschlossener außerweltlicher Gott) meine moralischen Vorstellungen bestimmt. Ich bin nur dann frei, wenn ich selbst diese Vorstellungen produziere, nicht, wenn ich die Beweggründe, die ein anderes Wesen in mich gesetzt hat, ausführen kann." [24]

Der Steinersche Mensch soll sich also seine moralischen Vorstellungen selber geben. Damit verliert der Begriff der Sünde seinen biblischen Sinn. Die Anthroposophie spricht deshalb auch nicht von der Sünde, sondern von der „Sündenkrankheit" und versteht darunter den Abfall des Menschen vom Geistigen unter die Knechtschaft des Stofflichen.

„Der Christus" ist nach Steiner gekommen, um die Menschen von dieser Sündenkrankheit zu erlösen, d.h. sie dazu zu befähigen, sich ihrer geistigen Herkunft wieder bewußtzuwerden.

6. Erlösung

Nach der Bibel wird der Mensch erlöst durch Jesus Christus, der gekommen ist, die Welt von der Herrschaft der Sünde und des Teufels zu retten.

Bei Steiner erlöst der Mensch sich selbst, entweder im Schnellverfahren durch den noch zu beschreibenden Erkenntnispfad oder über viele Inkarnationen hinweg durch geduldiges Abtragen des Karma. Auf dem Weg der Wiederverkörperung muß er jede einzelne böse Tat selber wiedergutmachen und sich auf *diese* Weise bis zur Vollkommenheit läutern.

Es ist für den Steiner-Leser allerdings schwer, Begriffe und Zusammenhänge eindeutig zu klären. Beim Durcharbeiten von Stellungnahmen und Auseinandersetzungen zur Anthroposophie habe ich immer wieder die unterschiedlichsten Deutungen bei Freunden und Kritikern gefunden. Offensichtlich hängen diese Deutungen davon ab, was der einzelne gerade aus der Steiner-Bücherei gelesen hat. Überall steht es wieder ein bißchen anders. Jede Auseinandersetzung mit der Anthroposophie kann also immer nur herausgreifen aus einer kaum zu ordnenden und zu klärenden Fülle und läuft Gefahr, unvollständig darzustellen. Da aber alle, die sich kritisch mit der Anthroposophie auseinanderzusetzen versuchen, darüber klagen, daß diese Lehre so voller Widersprüche und Ungereimtheiten steckt, fühle ich mich dennoch ermutigt, das weiterzugeben, was ich entwirren konnte.

IV. Wie erlangt man Erkenntnisse der höheren Welten?

Näheren Aufschluß darüber, wie Steiner zu seinen „wissenschaftlich abgesicherten“ Aussagen und Schauungen kam, gibt er uns in einem seiner Hauptwerke: „Wie erlangt man Erkenntnisse der höheren Welten?“ (Ich beziehe mich im folgenden auf die 19. Auflage, herausgegeben 1955 vom Verlag Freies Geistesleben in Stuttgart, und gebe nach der Verwendung eines Zitates in Klammern die entsprechende Seite dieser Ausgabe an.)

Steiner beschreibt in diesem Buch einen „Schulungsweg“ oder „Geheimpfad“, der *jedem* Menschen zugänglich sein soll. Wer ihn – so heißt es – nach seinen genauen Anweisungen geht, der wird erkennen, daß alles, was Steiner über die geistige Welt ausgesagt hat, wahr ist; denn er wird zu den gleichen Ergebnissen und Wahrnehmungen kommen wie Steiner selbst. Weil sie exakte und nachprüfbare Schritte anbietet, kann sich die Anthroposophie deshalb auch eine moderne „Geisteswissenschaft" nennen, – so behaupten jedenfalls die Anthroposophen.

Die Übungen, die dem Geheimschüler den Zugang zur geistigen Welt verschaffen, sind angeblich auch für den Menschen von Bedeutung, der den Geheimpfad nicht erwandern will, sondern nur Stärkung für sein alltägliches Leben sucht.

Leider kann ich diesen Geheimweg nicht in einer kurzen Zusammenfassung darstellen. In all der Zeit, die mir für die Auseinandersetzung mit Steiner zur Verfügung stand, konnte ich einfach keinen roten Faden finden, der sich nun für den Leser aufrollen ließe. Steiners Beschreibungen wirken auf mich eher verwirrend, unscharf, verschwommen – immer wieder tun sich Widersprüche auf; aus der Beantwortung der einen Frage ergeben sich gleich wieder viele neue Fragen, denen man nachgehen müßte, wollte man ganz sicher sein, daß man Steiner richtig verstanden hat. Deshalb will ich nur mehr beispielhaft eine Vorstellung davon vermitteln, worum es überhaupt geht, welcher Art die Übungen sind, die Steiner anführt, und was man unter anderem wahrnehmen wird, wenn man sie durchführt.

Zunächst aber einiges zu den Voraussetzungen des Schulungsweges:

a) Ernstes und würdiges Streben nach Erkenntnis;
b) Erwerb einer seelischen Grundstimmung der Verehrung gegenüber Wahrheit und Erkenntnis;
c) Augenblicke der Ruhe und Versenkung müssen geschaffen werden zur Entwicklung eines reichen Innenlebens.

Eine Übung, um die Voraussetzungen zu erfüllen, besteht z.B. darin, in den Augenblicken der Ruhe seine eigenen Taten so zu betrachten, als täte sie ein anderer. Man soll sich selbst wie einem Fremden gegenüberstehen. Dadurch lernt man, die eigenen Erlebnisse und Taten richtig einzuordnen und Wesentliches im eigenen Erleben und Tun vom Unwesentlichen besser zu unterscheiden.

Eine andere Übung beschreibt Steiner so:

> „Ein Mensch wird leicht ungeduldig ... Er durchdringt sich in seinen Augenblicken der Ruhe so sehr mit dem Gefühl von der Zwecklosigkeit vieler Ungeduld, daß er fortan bei jeder erlebten Ungeduld sofort dieses Gefühl gegenwärtig hat" (S. 33).

Ziel dieser und anderer Übungen ist es, daß der Mensch sich selbst voll und ganz in der Hand hat, daß er Herr seiner selbst wird. Er soll zum Beispiel dahin kommen, daß er selbst bestimmen kann, ob er sich über etwas ärgern will oder nicht. Der Ärger soll ihn also nicht mehr überwältigen können. Als Lohn der Bemühungen verspricht Steiner:

> „Für jeden, der so verfährt, kommt der Tag, wo es um ihn herum geistig hell wird, wo sich einem Auge, das er bis dahin in sich nicht gekannt hat, eine ganz neue Welt erschließen wird" (S. 31).

Der Geheimschüler soll sich in eine bestimmte Gedankenwelt versenken und Umgang mit der geistigen Welt pflegen. Dabei soll er sich aber nicht blind seinen eigenen Gedanken überlassen, sondern sich mit hohen Gedanken aus der Mystik, der Gnosis und der modernen Geheimwissenschaft – also wohl der Anthroposophie – durchdringen.

Kurz weist Steiner noch darauf hin, daß jeder Geheimschüler sich zwar einen Lehrer suchen sollte, der ihn freundschaftlich berät, daß aber die Zeiten der geistigen Abhängigkeit und Bindung an einen „Meister" vorbei seien.

Der „Geheimpfad in die höheren Welten" selbst verläuft in drei Phasen:

1. Vorbereitung
Sie entwickelt die geistigen Sinne.

2. Erleuchtung
Sie zündet das geistige Licht an.

3. Einweihung
Sie ermöglicht den Verkehr mit den höheren Wesenheiten.

Zu 1.

Die *Phase der Vorbereitung* soll dazu führen, daß die geistigen Sinne entwickelt werden. Dazu soll man sein Gefühls- und Gedankenleben in ganz bestimmter Weise pflegen. Und zwar soll man seine Aufmerksamkeit auf die Tatsache richten, daß es einerseits überall das sprießende und blühende und wachsende Leben gibt und andererseits überall das Verblühen, Verwelken und Absterben. Zu beiden Vorgängen soll man in sich zwei verschiedene Gefühlsformen entwickeln. Das eine Gefühl soll dem ähnlich sein, das man beim Betrachten eines Sonnenaufgangs empfindet, das andere dem Gefühl beim Aufgehen des Mondes. Wenn man seine Aufmerksamkeit immer wieder auf diese Gefühle richtet, dann soll sich die Seelenwelt mit ihren Linien und Figuren öffnen.

> „Eine blühende Blume zaubert vor seine Seele eine ganz bestimmte Linie, ebenso ein im Wachsen begriffenes Tier oder ein im Absterben befindlicher Baum" (S. 43).

In dieser anspruchsvollen Weise geht es weiter. Töne verbinden sich mit bestimmten Gefühlen, die man in sich pflegen soll. Außerdem soll der Geheimschüler es z.B. lernen, so zuzuhören, daß er völlig von sich selber wegkommt, daß er also *ohne jedes eigene Urteil* aufnehmen kann, was ein anderer sagt.

> „Die Schüler fühlen sich verpflichtet, übungsweise zu gewissen Zeiten sich die entgegengesetztesten Gedanken anzuhören und dabei alle Zustimmung und namentlich alles abfällige Urteilen vollständig zum Verstummen zu bringen" (S. 48).

Mit diesen und anderen Übungen erreicht der Geheimschüler, daß die geistige Welt durch das „innere Wort", durch „inneres Einsprechen" zu ihm redet, aber:

> „Solange man noch irgendeine Meinung, irgendein Gefühl dem zu Hörenden entgegenschleudert, schweigen die Wesenheiten der Geisteswelt" (S. 49).

Zu 2.

In der *Phase der Erleuchtung* geht es bei der ersten Übung darum, verschiedene Naturwesen zu betrachten: z.B. einen Kristall, eine Pflanze oder ein Tier. Aus der Betrachtung erwachsen dann unterschiedliche Gefühle und bilden mit den entsprechenden Gedanken über die Verschiedenartigkeit der Naturwesen die Hellseherorgane aus. In der Vorbereitungsphase bleiben die geschauten Linien und Figuren noch dunkel, durch die Erleuchtung werden sie „hell". Wie man Linien und Figuren ohne Licht erkennen kann, ist mir allerdings unklar geblieben.

Zu 3.

In der *Phase der Einweihung* lernt der Schüler ein geheimes Schriftsystem kennen. Zuvor muß er aber eine sogenannte Feuerprobe bestehen, die allerdings so vage beschrieben wird, daß man wenig damit anfangen kann:

> „Die erste ‚Probe' besteht darin, daß er eine wahrere Anschauung erlangt von den leiblichen Eigenschaften der leblosen Körper, dann der Pflanzen, der Tiere und des Menschen, als sie der Durchschnittsmensch besitzt ... In der Regel ist der Vorgang so, daß der Einzuweihende erkennen lernt, wie sich die Naturdinge und Lebewesen für das geistige Ohr und geistige Auge kundgeben" (S. 72).

Im Anschluß an diese Feuerprobe, die einem geistigen Verbrennungsprozeß gleichen soll, lernt der Geheimschüler nun, in der geistigen Welt zu „lesen". Auf dieser Stufe können sich die Eingeweihten in einer geheimen Zeichensprache über das höhere Wissen verständigen, das sie erworben haben. Nach dem Erlernen bestimmter „geheimer" Verhaltensregeln und aus der Einsicht in die höheren Welten können sie außerdem Taten für die Menschheit vollbringen, zu denen Uneingeweihte nicht in der Lage sind.

Es folgen dann noch weitere Proben, auf die ich nicht mehr

eingehen möchte, weil dies wohl eher zu weiterer Unklarheit führen würde. Denn letztlich kann man sich unter dem, was Steiner schreibt, nur wenig Konkretes vorstellen. Es scheint in der Natur der Sache zu liegen, daß man sie nur verstehen und beurteilen kann, wenn man sie aktiv nachvollzieht. Wichtig mag an dieser Stelle noch der Hinweis sein, daß der Geheimschüler eben das „Hellsehen" lernt, wobei Steiner betont, daß er darunter nicht eine mediale Fähigkeit versteht, sondern das Ergebnis einer „höheren Bewußtseinsschulung".

Der Geheimschüler erhält einen genauen Einblick in jedes einzelne Leben auf Erden. Dann lernt er, von seinem Körper soweit wie möglich unabhängig zu werden und mit seinem Bewußtsein je nach Belieben in der geistigen oder in der materiellen Welt zu leben. Dazu gehört auch, daß sein Bewußtsein selbst im Schlaf wach bleibt.

> „Bei einem Menschen, der diese Stufe erreicht hat, hört das Erleben und Erfahren in solchen Zeiten nicht auf, in denen der physische Leib ruht und der Seele keine Eindrücke durch die Sinneswerkzeuge zugeführt werden" (S. 171).

Der Geheimschüler kann nun allmählich dazu heranreifen

> „... eine hohe Freiheit von seinem physischen Körper zu erlangen" (S. 151).

Am Ende des Geheimpfades steht die Begegnung mit dem „kleinen" und dem „großen Hüter der Schwelle". Der „kleine Hüter der Schwelle" ist eine Wesenheit, die aus dem Geheimschüler sozusagen heraustritt. Sie stellt die Summe der guten und bösen Taten aus allen seinen Erdenleben dar. Er steht nun vor der Aufgabe, aus diesem gespenstischen Wesen vor ihm ein Wesen von leuchtender Schönheit zu machen, indem er sich so lange läutert, bis kein falscher Gedanke, keine schlechte Tat den kleinen Hüter mehr verunstalten. Ist dies geschafft, hat er sich selbst erlöst.

An sich selbst kann er nun nichts mehr verbessern. Der „große Hüter der Schwelle" – eine Lichtgestalt von unbeschreiblicher Schönheit – macht ihm nun seine Aufgabe klar, nämlich an der Erlösung der anderen Menschen mitzuarbeiten. Nicht um seiner selbst willen soll er noch einmal auf die

Erde zurückkehren, sondern um der Höherentwicklung und Erlösung anderer Menschen zu dienen. Hier tritt also die Forderung der (christlichen?) Nächstenliebe an den Geheimschüler heran, ohne die es keine „überirdische Seligkeit“ geben soll.

ZWEITER TEIL

Meine persönliche Begegnung mit der Anthroposophie

1. Erste Berührungspunkte

Als ich elf Jahre alt war und das Gymnasium besuchte, kamen meine beiden jüngeren Brüder in die erste und dritte Klasse der Waldorfschule. Meine Mutter hatte begonnen, sich mit der Anthroposophie zu befassen, und bald hing eines der bekannten Bilder von Rudolf Steiner über ihrem Schreibtisch. Mir gefiel es nicht, und daß meine Brüder auf die Waldorfschule gingen, war mir sehr peinlich. Ende der fünfziger Jahre galt sie nämlich noch als „Doofenschule". Meine Brüder hatten auch keine besonders „lustvolle" Schulkarriere vor sich. Es gab viele Schwierigkeiten mit Lehrern und wenig Freude am Lernen. Der jüngere wechselte nach dem siebten Schuljahr auf ein Gymnasium, der ältere kam auf ein Waldorfinternat – weil die bisherige Schule doch besonders unzulänglich sein sollte, wie es hieß. Im Internat erging es meinem Bruder nicht viel besser. In dieser Zeit entstanden viele Anekdoten über Schwierigkeiten zwischen Waldorflehrern und ihren allzu weltlich ausgerichteten Schülern.

Meine Mutter hatte es somit recht schwer, ihre wachsende Beziehung zur Anthroposophie und vor allem zur Christengemeinschaft, der religiösen Tochterbewegung der Anthroposophie, zu Hause verständlich zu machen und vor uns zu verteidigen. Das hinderte sie aber nicht daran, ihren Weg konsequent zu gehen. Über zwanzig Jahre lang gehörte sie zur Anthroposophischen Gesellschaft und zur Christengemeinschaft.

Als ich fünfzehn Jahre alt war, schickte sie mich in ein Jugendlager der Christengemeinschaft. Warum ich mich trotz meiner inneren Ablehnung dagegen nicht wehrte, weiß ich heute nicht mehr. Jedenfalls kam ich begeistert zurück. Begeistert von den leitenden Priestern, ihrem Einsatz für uns, begeistert von den phantasievollen Freizeitangeboten, von der guten Lagergemeinschaft und wohl auch beeindruckt davon, daß keine „missionarischen Angriffe“ gestartet wurden. Jeden Morgen vor dem Frühstück fand für Freiwillige die sogenannte Menschenweihehandlung statt – der Kultus der Christengemeinschaft. Ich nahm daran teil. Unauslöschlich ist mir davon in Erinnerung geblieben, daß ich ministrieren durfte. Es war ein erhebendes Gefühl, sich das Ministrantengewand anzuziehen und dann als erste Handlung feierlich die Kerzen auf dem Altar zu entzünden. Während des Kultus durfte ich dann sogar einige Worte sprechen, und ich tat es mit getragener Stimme und andächtigem Herzen. „Christus in euch“, sagte der Priester, und dann kam ich: „... und deinen Geist erfülle er!“

Ich fand es einfach ganz toll, so etwas vor dem Altar sagen zu dürfen – irgendein elementares Bedürfnis wurde wohl dabei angesprochen. Sozusagen zum Dank dafür brachte ich der Anthroposophie und Christengemeinschaft eine zunehmende Sympathie entgegen. Ich muß jedenfalls den Schluß gezogen haben: Wenn ein anthroposophisches Jugendlager so toll ist, dann muß ja auch an der Anthroposophie etwas dran sein. Allmählich eignete ich mir ein bruchstückhaftes Wissen über die Anthroposophie an – vor allem aus Gesprächen, die meine Mutter mit ihren anthroposophischen Gästen führte, oder hin und wieder aus einem Vortrag. Es war weniger eine Auseinandersetzung mit den Werken Steiners selbst. Ich nahm zwar immer wieder einmal ein Steiner-Buch in die Hand, fand es aber schrecklich mühsam, darin zu lesen. Eine wirklich gründliche Auseinandersetzung fand nicht statt, aber trotzdem war ich gefühlsmäßig voll auf die Anthroposophie „abgefahren“ und verteidigte sie, Steiner und die Anthroposophen, ohne wirklich zu wissen, um was es im Ganzen ging.

Die Lehre von der Wiederverkörperung konnte man ja schnell begreifen, und ich fand sie ungeheuer einleuchtend. Mein Bedürfnis, eine Gerechtigkeit in den so unterschiedlichen Lebensschicksalen der Menschen zu finden, wurde zum ersten Mal wirklich befriedigt. Außerdem fand ich, daß viele Phänomene, die mir von guten Bekannten erzählt und beschrieben wurden, hier ihre Erklärung fanden. So erzählte mir eine Freundin, sie sei einmal in ein Dorf gekommen, in dem sie vorher noch nie war. Und doch sei ihr alles so seltsam vertraut und bekannt gewesen, als hätte sie schon einmal in diesem Dorf gelebt. Wie einleuchtend war da die Erklärung, daß sie es eben von ihrem letzten Leben her kannte.

Es machte auch Spaß, sich bei bedeutungsvollen Begegnungen mit Menschen zu überlegen, ob im letzten Leben wohl schon einmal etwas zwischen uns stattgefunden hatte. Etwa im Sinne von Goethe, der über Charlotte von Stein schrieb:

„Ach, du warst in abgelebten Zeiten
meine Schwester oder meine Frau!“

Damals war es für mich ein eindeutiger Beweis, daß auch Goethe an die Wiederverkörperung geglaubt hatte, und damit war ich ja in guter Gesellschaft.

2. Rückzug

Mit siebzehn Jahren lernte ich meinen ersten „richtigen“ Freund und späteren Mann kennen. Er war sechs Jahre älter als ich. Wir führten, wie es ja die Zeit der ersten Verliebtheit so mit sich bringt, endlose und nächtelange Gespräche, natürlich auch über Weltanschauungsfragen. Ich erzählte ihm von Steiner, erklärte ihm die Lehre von der Wiederverkörperung und dem Karma und jagte ihm wohl einen gehörigen Schrekken mit der Feststellung ein, er habe sich aus der geistigen Welt heraus seine Eltern selbst ausgesucht, weil ihre Lebenssituation seine eigene geistige Höherentwicklung am besten fördern würde.

Um mich von der Sache abzubringen, setzte sich mein Freund einen ganzen Sommer lang an die höchst mühevolle Arbeit, die gesamte Lehre Steiners aufzuschlüsseln. Er wollte mir beweisen, daß man bei der Anthroposophie nicht von einer Wissenschaft sprechen kann, sondern Steiners Gedankengebäude auf reiner Spekulation beruhten. Seine langen Briefe darüber hatten aber nicht deshalb eine so durchschlagende Wirkung, weil er mich verstandesmäßig überzeugen konnte. Ich fühlte vielmehr mit größter Sicherheit: Wenn ich nach allem, was er analysiert und sehr klar dargestellt hat, noch weiterhin die Anthroposophie verteidige, dann verliere ich ihn. So wandte ich mich aus ebenso gefühlsmäßigen Gründen, wie sie mich zur Anthroposophie geführt hatten, wieder von ihr ab – zum Kummer meiner Mutter. Es ging ganz schnell, weil ich keine wirkliche Überzeugung aufgab, und mein Herz hing ja jetzt an meinem Freund.

3. Zwischenstadium

Mein Freund glaubte an einen Gott, aber dieser Glaube hatte außer einer sehr positiven Lebenseinstellung keinerlei Auswirkungen auf sein Leben. Er wollte „ein fröhlicher Gärtner auf dieser Erde sein“, versuchen, ein lebenswertes Leben zu führen. Nach dem Tode würde man ja sehen, wie's weitergeht. Um Unsichtbares brauche man sich hier nicht zu kümmern, die sichtbare Welt gäbe einem genug zu tun.

Irgendwie gefiel mir die Schlichtheit seiner Philosophie. Aber ich liebte ihn ja damals noch rundherum und fand wohl alles richtig, was er dachte. So machte ich mir nun seine Weltanschauung zu eigen, fuhr aber erheblich schlechter damit als er. Ich hatte Probleme, die er gar nicht zu kennen schien.

Die Frage nach dem Sinn meiner Existenz und ob meine Versuche sinnvoll waren, meine Fehler zu verbessern, mich positiv zu entwickeln, wurden von seiner Philosophie auf Dauer nicht beantwortet. Ich bekam zunehmend das Gefühl, in einem leeren Raum zu handeln, zu empfinden, nachzudenken – mit einer übersinnlichen oder geistigen oder göttlichen Welt sollte und wollte ich mich ja nicht mehr beschäftigen.

Als ich nicht mehr in ihn verliebt war und statt dessen um das Weiterbestehen unserer Beziehung kämpfen mußte, hatte ich keine wirkliche Kraftquelle mehr. Ich merkte, wie mein Lebensgefühl immer schwerer wurde – und bekam Angstzustände. Angstzustände, die so weit gingen, daß ich mich dem Zufall völlig ausgeliefert fühlte. Ich wagte nicht mehr, mit dem Zug oder Auto zu fahren, weil ich fürchtete, nicht heil anzukommen. Nachts wachte ich auf und verspürte eine riesige, völlig irrationale Lebensangst.

Irgendwie wurde mir klar, daß diese Ängste mit meiner allein auf das Materielle gerichteten Lebenseinstellung zu tun hatten und daß ich diese Haltung nicht mehr länger mit meinem Freund teilen konnte. Er schien mit ihr leben zu können, aber ich verhungerte ohne eine weltanschauliche Nahrung, die mir die Kraft zum Handeln und zur aktiven Lebensgestaltung gab. So machte ich zunächst einmal die Psychologie zu meiner neuen Religion.

Unsere Freundschaft wurde nun immer schwieriger. Meine Neigung, in allem ein Problem zu sehen, und seine Neigung, möglichst allen Problemen und schwierigen Fragen aus dem Weg zu gehen, entfernten uns immer weiter voneinander. Trotzdem heirateten wir nach zehnjähriger Freundschaft und führten damit unsere endgültige Trennung herbei. – Nach anderthalb ziemlich trostlosen Ehejahren waren wir wieder geschieden. Die Monate vor der Scheidung überlebte ich mit Hilfe eines Psychologen recht gut, der sich im Gegensatz zu meinem Mann sehr intensiv mit meiner Problematik, d.h. mit mir befaßte – gegen Bezahlung natürlich. Er beurteilte die Schwierigkeiten erfreulicherweise genauso wie ich – nachdem ich jahrelang Psychologie-Literatur verschlungen hatte –, und das tat mir wohl und hielt mich vor dem Absturz in eine tiefe Lebenskrise zurück.

Ich war damals Lehrerin und auch im Beruf nicht recht glücklich, obwohl ich meine Kinder und die Kollegen sehr gern hatte und viel Hilfe von ihnen erfuhr. Trotzdem sah ich, nunmehr ohne Aussicht auf ein Leben als Ehefrau und Mutter, keine Perspektive mehr für mich. „Noch dreißig Jahre

Lehrerin – und was wird dann wohl für eine Type aus dir geworden sein?“

Ich hängte meinen Beruf an den Nagel, nachdem ich eine Zusage für einen Psychologie-Studienplatz in Bonn bekommen hatte. Es gab damals schon einen Numerus clausus für Psychologie, dem meine Noten von 1966 längst nicht mehr entsprachen, und ich hielt es für einen besonderen Glücksfall, daß ich trotzdem noch einmal studieren durfte. In der Psychologie glaubte ich die Wissenschaft gefunden zu haben, die auf viele Fragen menschlicher Problematik Antwort gab und die vor allem das Rätsel lösen würde, wie Menschen miteinander leben können, ohne sich auf die Dauer gegenseitig aufzureiben.

Doch was ich in Bonn erlebte, war etwas ganz anderes. Ich geriet nämlich in einen wahren Strudel politischer Auseinandersetzungen zwischen ultralinken, linken, liberalen und rechten Studentengruppen, Dozenten und dem Rektor der Universität. Diesem Strudel konnte ich mich nicht entziehen. Die Suche nach der „Wahrheit“ und danach, „wer denn nun recht hatte“, nahm mich ganz gefangen. Waren die Professoren wirklich bloß „Handlanger der Ministerialbürokratie“, oder konnte man manche ihrer Ansichten nicht doch gelten lassen? War unsere Gesellschaft, waren unsere Politiker tatsächlich so verbrecherisch, wie es da in unzähligen Wandzeitungen und Flugblättern angeprangert wurde, oder stand hinter dieser Darstellung bewußte kommunistische Manipulation und Steuerung, wie es die Rechten behaupteten?

Es waren Wochen geistiger Schwerarbeit für mich. Täglich stand ich in der Uni, las Wandzeitungen und Flugblätter und ließ mich informieren über die „Verbrechen des Kapitalismus“, über das „ausbeuterische System“, in dem wir leben, über diese „korrupte Scheindemokratie“, über die „wahren Herrschaftsverhältnisse in unserer Gesellschaft“, über die „Machenschaften der Politiker und Wirtschaftsbosse“. Was in diesem Informationskarussell stimmte denn nun, was war verdreht, entstellt, fehlinterpretiert, den Interessen der Schreiber eingearbeitet?

Mit Sicherheit habe ich in diesen Wochen eine intensive geistige Beeinflussung von „links“ erlebt, die mich – und das empfinde ich noch heute als sehr positiv – aus einem politischen Tiefschlaf und dem Wohlgefühl, doch in der besten aller Gesellschaften zu leben, aufgerüttelt hat. Sie ging allerdings nicht so weit, daß ich den Kommunismus, in welcher Schattierung er sich auch immer präsentierte, für eine auch nur diskussionswürdige Alternative gehalten hätte. Dazu mußte ich allzu hautnah erfahren, in welchem Maße sie die Feinde ihrer eigenen Verkündigung waren. Am Institut herrschte ein Klima der Angst und des Duckmäusertums – vor allem während der Streikwochen, die ich miterlebte –, das ich noch heute als beispielhaft empfinde. Nur ganz wenige Studenten wagten es, sich dem spartakistischen Redefluß entgegenzustellen – ansonsten traute sich keiner, „anders“ zu denken und zu argumentieren. Er lief dann nämlich Gefahr, ab sofort als „Faschist“ für alle Verbrechen des Faschismus mitschuldig erklärt zu werden – und wer wollte sich das schon zumuten, solange er dort studieren mußte?

Es war mir klar, daß der Kommunismus ganz sicher nicht die Erlösung der Menschheit hervorbringen würde. Undenkbar, daß eine ideale Gesellschaft und eine glückliche Menschheit dadurch erreicht werden, daß man zunächst einmal durch unmenschliche Kampfmethoden all die „Dummköpfe“ vernichtet oder in die gesellschaftliche Isolation treibt, die nicht an dieses Ideal glauben wollen. Eine Kommunistin wurde ich also nicht.

Eigenartigerweise hatte ich bis zu diesem Zeitpunkt immer gemeint, nur der Kommunismus sei ein „System“. Dieser Begriff war für mich, soweit er politisch zu verstehen ist, negativ besetzt. Ich verband mit ihm die Vorstellung eines geistigen Gefängnisses, in dem man nur in einer bestimmten Richtung denken und reden durfte, wollte man seine Existenz nicht gefährden. So war ich tief bestürzt von der Erkenntnis, daß auch *ich* in einem „System“ lebte – dem kapitalistischen – und zu ganz bestimmten Gedankengängen und -richtungen erzogen worden war, die ihrerseits das System „erhielten“. Auch bei uns gefährdeten diejenigen, die das „System“ nicht erhalten, sondern es verändern wollten, ihre Existenz, je nachdem, mit welchen Mitteln und welcher Entschiedenheit sie dabei vorgingen.

Es würde viel zu weit führen, die vielen Fragen, mit denen ich mich herumschlug, näher zu beleuchten. Jedenfalls ging ich aus der Auseinandersetzung als eine von denen hervor, die „die Gesellschaft verändern wollten“. Ich mußte mich politisch irgendwie einsetzen. *Aber wie?* Alle kommunistischen und ultralinken Gruppen kamen für mich nicht in Frage. Die Liberalen und Rechten vertraten auf eine erheblich müdere Art ihr „System“; zu ihnen gehörte ich nun auch nicht mehr. Zunächst hatte ich deshalb das Gefühl, nirgendwohin zu gehören, keine geistige Heimat zu haben, und das war eine qualvolle Situation, wie ich sie später noch einmal erleben sollte.

Der Kommunismus – so etwa war mein damaliger Erkenntnisstand – hat die tiefen Unzulänglichkeiten des Kapitalismus aufgedeckt. Er bietet aber keine Alternative. Die Vorstellung der kommunistischen Endgesellschaft beruht auf einem falschen Welt- und Menschenbild und kann sich nie erfüllen. Der Kapitalismus – und verstehen wir den existierenden Kommunismus als Staatskapitalismus, so ist er darin voll eingeschlossen – vernichtet durch seine maßlose Ausbeutung der Naturvorkommen die Existenzgrundlage der Menschen, muß also schon allein aus diesem Grunde in Frage gestellt und überwunden werden. Aber *wie?* Auf der ganzen Welt schien mir nichts in Sicht, was ein solches Ziel realistisch erscheinen ließ …

Ich studierte schon längst nicht mehr ernsthaft Psychologie – so sehr war ich beschäftigt mit der Auseinandersetzung und Verarbeitung meiner gesellschaftspolitischen „Aha-Erlebnisse“. Die Psychologie als Wissenschaft war mir außerdem zutiefst fragwürdig geworden. Diente sie nicht *auch* nur den Interessen derer, die unser fragwürdiges Gesellschaftssystem erhalten wollten? Sollte ich hier nicht bloß lernen, gescheiterte Menschen für eine „Wiederverwendung“ funktionstüchtig zu machen?

Heute habe ich – und das möchte ich hier einschieben – eine sehr viel andere Einstellung zu den angeschnittenen Fragen. Damals aber, z.T. auch unter dem Einfluß des bedrückenden politischen und menschlichen Klimas am Psychologischen Institut, erlebte ich ziemlich tiefgreifende Konflikte, die vielleicht erklären können, warum ich es fertigbrachte, meinem Leben wieder einmal eine Wende zu geben.

Ich erhielt ein umfangreiches Paket von meinem jüngeren Bruder, der sich nach seinem Staatsschulabitur doch wieder der Anthroposophie zugewandt und an einem anthroposophischen Jugendseminar in Stuttgart ein Jahr lang studiert hatte. Das Paket enthielt einen Stapel Zeitschriften mit dem für mich nichtssagenden Titel „JEDERMANN". Ich schlug eines der Hefte an irgendeiner Stelle auf und begann einen Artikel zu lesen: „DIE DREIGLIEDERUNG DES SOZIALEN ORGANISMUS – Modell einer gesellschaftlichen Neuordnung". Schon während des Lesens schlug der Aufsatz wie eine Bombe bei mir ein. Hier war genau das, was ich suchte: Ein dritter Weg zwischen Kapitalismus und Kommunismus – ein Weg, der die Nachteile beider Systeme auszuschalten und die Vorteile miteinander zu verbinden schien. Es war unglaublich, genau in meine Verzweiflung hinein diese Idee! Da schien es doch wirklich auf dem Gebiet der politischen Utopien, Theorien und Gedankensysteme etwas zu geben, dem ich mich mit voller Überzeugung zuwenden konnte.

Ich hatte das Gefühl, den ganzen inneren Zusammenhang dieses Gesellschaftsmodells auf einmal zu überblicken, etwa so, wie Mozart es einmal von der Entstehung seiner „Zauberflöte" gesagt hat: Er hörte, bevor er die Komposition Ton für Ton niederschrieb, die gesamte Oper auf einmal, wie in einem Punkt zusammengefaßt. Ich konnte mir einen solchen Vorgang bis dahin nicht vorstellen; doch mein Erlebnis mit der Dreigliederung muß ein ähnliches Phänomen gewesen sein, ganz unabhängig von seiner Qualität. Es gelang mir nie oder nur ganz selten, anderen diese Idee einer gesellschaftlichen Neuordnung in ihrem Gesamtzusammenhang so zu vermitteln, wie ich sie verstanden hatte. Ich hatte dieses Verständnis wie in einem einzigen großen Bild erhalten – (ein für mich heute allerdings fragwürdiges Geschenk).

Erst nachdem diese Idee bei mir gezündet hatte, erfuhr ich, von wem sie stammt, und bekam einen Schrecken. Sie war von Rudolf Steiner – und mit ihm wollte ich doch nichts mehr zu tun haben. Aber nun hatte er mich wieder erwischt. Ich konnte nicht mehr anders, ich mußte der Sache nachgehen und fuhr nach Wasserburg am Bodensee. Dort lebte und arbeitete die Gruppe, von der die Zeitschrift „JEDERMANN“ herausgegeben wurde und die sich auch praktisch für die Dreigliederung einsetzte.

Ich traf auf eine Situation, die viele meiner unverarbeiteten oder ungelösten Probleme, meiner inneren Bedürfnisse und Fragen ansprach. Eine Wohn- und Arbeitsgemeinschaft, bestehend aus einem Kern von zunächst sechs festen Mitgliedern, um den sich viele freie Mithelfer und Gäste sammelten. Ihr Ziel war, auf der wirtschaftlichen Grundlage eines Gaststätten- und Hotelbetriebes das Modell einer Gemeinschaft vorzuleben, in der jedes Mitglied sich mit seinen Fähigkeiten und Unfähigkeiten voll aufgenommen fühlen und optimale Möglichkeiten zur Entfaltung seiner Persönlichkeit bekommen sollte. Man wollte ohne Chef gleichberechtigt zusammenarbeiten. Die entstehenden zwischenmenschlichen Konflikte wurden in langen Gesprächen aufgearbeitet und als Teil des Arbeitsprozesses ernst und wichtig genommen.

Nach meiner gescheiterten Ehe und allem, was ich sonst an Zusammenbrüchen in Ehen und Familien erlebt hatte, klammerte ich mich sehnsüchtig an die Vorstellung, eine Gruppe wie diese müßte in der Lage sein, menschliche Verbindungen zu schaffen, auf die man wirklich bauen konnte.

Daß ich mein Psychologiestudium abbrechen sollte, war mir inzwischen klargeworden. Das zweite Semester in Bonn bestärkte mich nur noch in meinem Entschluß. Für mich ging diese Wissenschaft ganz eindeutig von einem falschen, materialistischen Menschenbild aus und ordnete alle ihre Erkenntnisse dem unter. Ich wollte mir aber nichts einhämmern, um es nach der Prüfung so schnell wie möglich wieder zu vergessen. Also Schluß! Ich gab mal wieder alles auf und zog um.

4. Neueinstieg

Die Wasserburger Gruppe bestand damals aus vier Frauen und zwei Männern. Einer von ihnen war der Begründer des „Modell Wasserburg“ und gleichzeitig viele Jahre lang der Hauptverantwortliche und Chefredakteur der Zeitschrift „JEDERMANN“ (Zeitung für soziale Dreigliederung, Umweltfragen, neue Lebensformen). Seit dreißig Jahren beschäftigte er sich mit der Anthroposophie, und er hatte auch die weitaus größte Erfahrung, was das Leben in einer Wohngemeinschaft betraf. Das machte sich natürlich in der Struktur unserer Gruppe bemerkbar; er war sozusagen unser „geistiges Haupt“, unser „Lehrer“. Dabei hätten wir alle – und er selbst wohl am meisten – bestritten, daß er so etwas wie unser „Guru“ sein könnte, eine absolute Autorität also, deren Meinung letztlich ebenso unantastbar wie entscheidend war. Außenstehenden drängte sich, wie ich es heute sehe, berechtigterweise dieser Eindruck aber immer wieder auf. Mit seinen 62 Jahren war er eine in ihren Licht- und Schattenseiten faszinierende Persönlichkeit mit starker Wirkung auf die meist jungen Menschen in seinem Umkreis. Ich gehörte mit 31 Jahren zu den Älteren der Gruppe.

Er hatte eine mir vollkommen neue Art, uns die Anthroposophie nahezubringen. Ich ging voller Freude mit ihm zusammen an die geistige Auseinandersetzung. Die Idee der Dreigliederung stand im Mittelpunkt unserer Arbeit. Wir lasen regelmäßig alle zusammen in den „Kernpunkten der sozialen Fragen“ von Steiner, in denen er diese Idee entwickelt. Die anthroposophische Grundlage der Konfliktbewältigung in unserer Gruppe fanden wir in Steiners „Wie erlangt man Erkenntnisse der höheren Welten?“.

Wenn ich zurückblicke auf die Arbeit an diesen für uns wichtigsten beiden Werken Steiners, so muß ich wiederum feststellen, daß die Ergebnisse kümmerlich waren, was Steiner selbst betrifft. Ich habe diese beiden Bücher nie ganz durchlesen können, weil ich immer das Gefühl hatte, ich müßte eigentlich an jedem Satz einen Monat lang arbeiten, um ihn wirklich zu verstehen, so inhaltsschwer erschien er mir. Heute vermute ich, daß es nicht Steiner selbst war, der mich mit seinen Ausführungen überzeugte und faszinierte, sondern unser Lehrer, der einem das Ganze so fesselnd aufbereitete, daß man Steiner nur großartig lebensnah finden konnte.

Steiner stand jedenfalls wieder einmal im Mittelpunkt meines Lebens. Ich hatte Vertrauen zu ihm gewonnen und ging einfach davon aus, daß er in allem recht hat. Wo ich ihn nicht verstand, schrieb ich das meiner eigenen Begrenztheit zu. Unser Lehrer wußte auch immer wieder Prophezeiungen vorzuweisen, nach denen Steiner bereits im Jahre 1920 vorausgesagt hatte, was zwischen 1960 und 1970 geistig in Deutschland los sein würde. Und das war doch schließlich ein Beweis, daß er „richtig" in die geistige Welt schauen und man ihm glauben konnte. Auf andere Weise war die Sache für uns – zumindest in dieser Inkarnation – ohnehin nicht nachprüfbar, auch wenn Steiner selbst verlangte, man solle ihm nicht einfach glauben.

Soweit ich feststellen konnte, arbeitete außer unserem Lehrer und einer von uns älteren Frauen niemand in der Gruppe irgendwie systematisch an der Anthroposophie. Unser Lehrer überbrückte diesen Mangel auf seine Weise so gut, daß wir lieber ihm als Steiner zuhörten. Steiner zu lesen war und blieb ein mühsames Geschäft, unserem Lehrer zuzuhören, war dagegen meistens ein Vergnügen. So empfand ich es jedenfalls. Wenn er zu einem Konflikt oder einem menschlichen Problem mit „Steiner sagt dazu..." begann, dann folgte immer irgend etwas, dem man unbedingt zustimmen konnte. Wenn er von Steiner redete, war es überzeugend und lebendig, und wir hatten alle das Gefühl: Was Steiner sagt, das trifft genau unsere Situation, es ist einfach lebenspraktisch. Heute meine ich, daß es vielmehr unser Lehrer war, der eben *das* aus Steiners Werken herausholte, was *er* uns aufgrund seiner eigenen Lebendigkeit so lebensnah und praktisch verpacken konnte. Vielleicht lag die Überzeugungskraft mehr in ihm als in Steiner selbst.

Eigentlich wollte jeder von uns die Übungen durchführen, die Steiner in seinen „Erkenntnissen der höheren Welten" vorschlägt. Da war z.B. die „Tagesrückschau". Sie sollte bewirken, daß man mehr Abstand zu sich selber bekam und es lernte, sich selbst wie einem Fremden gegenüberzustehen. Frei von subjektiven Empfindungen könnte man dann Wesentliches vom Unwesentlichen unterscheiden. Das war aber unbeschreiblich schwer, und bei all den Problemen, die ich zunehmend mit mir selbst bekam – 1978 hatte ich einen Sohn bekommen, mich aber während der Schwangerschaft von dem Vater des Kindes trennen müssen –, war es mir unmöglich, meinen Tag rückwärts zu betrachten – sozusagen von hinten nach vorne –, ohne daß mir bei diesen „Konzentrationsverrenkungen" ganz elend wurde. Ich blieb immer in den späten Nachmittagsstunden hängen, und so begleitete mich ständig ein Gefühl von Versagen und Unzulänglichkeit. Ich wollte mich doch so gern „höherentwickeln", aus meinem häufigen Scheitern, meinen Fehlern und meinem Versagen lernen und mit mir selber weiterkommen. Ich wollte doch nicht immer wieder in gleicher Weise versagen.

Obwohl oder gerade weil ich die Übungen nie richtig durchführte, konnte ich mich jahrelang an den Glauben klammern, daß in ihnen der Schlüssel zu meiner Charakterverbesserung liegen mußte. „Wenn ich die Übungen endlich einmal *wirklich* durchführen werde, dann werde ich mich auch ganz bestimmt bessern." Erst sehr viel später erkannte ich, daß dieser Glaube eine Illusion war.

Den andern in der Gruppe erging es wohl ähnlich. Alle gaben sich Mühe, aber keiner schaffte es wirklich, einigermaßen konsequent und selbständig die Übungen durchzuführen, ausgenommen vielleicht unser Lehrer und eine der älteren Frauen. Trotzdem waren wir davon überzeugt, der Anthroposophie sehr nahe zu stehen, und jeder von uns vertrat das auch nach außen.

Inhalte der Anthroposophie tauchten auch in unseren Alltagsgesprächen auf. So beschäftigten uns z.B. die beiden Steinerschen Widersachermächte Luzifer und Ahriman des öfteren. Wir hatten viel Spaß damit, uns zu überlegen, ob einer nun gerade mehr ahrimanisch, also weltlich-materialistisch, gehandelt hatte oder mehr luziferisch, versponnen, abgehoben von der Welt. Im nachhinein fällt mir auf, wie harmlos diese Bezeichnungen klingen und auch so von uns verwendet wurden. Welche Schärfe hat dagegen der christliche Begriff „teuflisch“ oder „satanisch“!

Auch mit den Begriffen Reinkarnation und Karma konnten wir gut operieren. Es machte Spaß zu überlegen, wer wem von uns wo und in welcher Leibeshülle im nächsten Leben wiederbegegnen würde. Begegnungen mit anderen waren eben immer so schön bedeutungsvoll, wenn man hinter ihnen mögliche Beziehungen aus einem früheren Leben vermuten konnte. Stutzig wurde ich allerdings einmal, als ein Mädchen mir sehr traurig erzählte, ihr Freund habe sie wegen einer anderen Frau verlassen. Sie habe gar nichts dagegen sagen dürfen, weil er behauptete, er sei mit dieser Frau schon im letzten Leben eng verbunden gewesen, und das wäre jetzt eine Wiederbegegnung von großer karmischer Bedeutung. *Das* konnte man mit der Anthroposophie also auch machen: Die eigenen egoistischen Bedürfnisse so hochgeistig überblähen, daß die Bedürfnisse des anderen Menschen dabei als „geistig unterentwickelt“ zurücktreten müssen.

Unser Lehrer und Steiner hatten etwas gemeinsam, das mir zum Verhängnis wurde: einen ungeheuren Rede- und Gedankenfluß. Aus beiden strömte es nur so heraus. Steiners Gedankenstrom liegt in unzähligen Büchern vor; von unserem Lehrer strömte es direkt auf uns nieder, wobei ich in unserer Gruppe wohl wesensmäßig den geringsten Abstand zu ihm hatte. Ich war jedenfalls begeistert von allem, was er sagte, begierig auf jedes Wort von ihm. Dabei merkte ich über lange Zeit nicht, daß mein Kopf und mein Herz eigentlich nur noch damit beschäftigt waren, seine Gedanken zu verarbeiten. Zum selbständigen Denken blieb wenig Raum. Kaum hatte ich seine Anregungen verdaut, kamen schon die nächsten, – ein ununterbrochener Strom geistiger Nahrung. Schließlich konnte ich fast nichts mehr tun, ohne dabei seine Stimme in mir reden zu hören, die mein Handeln kommentierte.

Vielleicht war ich wie ein Schwamm, der so lange Wasser aufsaugt, bis er übervoll ist. Dann kam plötzlich der Punkt, an dem mir die Gefahr zu Bewußtsein kam, und ich begann leise zu flehen, er möge doch bitte, bitte einmal ruhig sein. Aber da war es bereits irgendwie zu spät. Ich war schon auf eine bestimmte Rollenverteilung zwischen uns festgelegt und wagte es nicht mehr auszubrechen. Da alle kläglichen Versuche in einem gewaltigen Gruppenaufstand endeten, fühlte ich mich mehr und mehr dazu gezwungen, nur noch so zu denken, wie alle dachten, und gab dann schließlich auch die Hoffnung auf, daran noch etwas ändern zu können. Weil ich einfach zu viel Angst vor der Gruppe als solche hatte, wirkte es immer wie eine tiefgreifende Distanzierung von den andern, von unseren Zielen und Idealen, wenn ich abweichende Gedanken äußerte. Wollte ich also nicht als Gruppenverräter auftreten, so mußte ich mich bedingungslos solidarisieren. Einen Mittelweg schien es für mich nicht zu geben.

Ich schildere diese Probleme deshalb so ausführlich, weil sie mir typische Probleme der Anthroposophen zu sein scheinen. Steiner hat ein unüberschaubares Werk hinterlassen. In alle Gebiete des menschlichen Lebens greift er mit Gedankengängen ein, die vielfach ganz neu erscheinen. Der Leser wird völlig davon in Anspruch genommen, die Flut von Gedanken, Behauptungen, Argumenten, Erklärungen zunächst einmal nur aufzunehmen (und dies auch noch „vorurteilsfrei“, wie Steiner verlangt), zu verstehen, zu ordnen. Zu einer gedanklichen Gegenarbeit bleibt keine Zeit. Der Leser kommt nicht dazu, sich zu fragen: Was spricht dagegen? Könnte man das auch anders sehen? Wie ist diese sehr allgemeine Formulierung gemeint?

Steiner selbst beleuchtet jeden seiner „geistigen Gegenstände“ von vielen Seiten. Er versucht schon während der Darlegung seiner Gedanken, den möglichen Einwänden anderer zuvorzukommen und sie zu widerlegen. Die Ausführungen zu diesen voraussichtlichen Einwänden sind ihrerseits schon wieder so zahlreich und kompliziert, daß der Leser den Eindruck bekommt, nur einen Bruchteil von dem zu wissen und zu begreifen, was Steiner weiß und begreift.

Wie kann man aber als ehrlicher Mensch beginnen, sich mit

einer Lehre kritisch auseinanderzusetzen, wenn man sie noch nicht einmal richtig verstanden hat? Überdies verteidigt Steiner seine Lehre auch häufig in den Vorworten seiner Werke mit dem Hinweis: Wer meint, was ich da schreibe, sei falsch, der hat noch nicht verstanden, der denkt noch nicht richtig, der denkt noch „alt". Das heißt: Es darf erst kritisiert werden, wenn man die *ganze* Lehre verstanden hat; ein umfassendes Verstehen wird dem gewöhnlichen Menschen aber erst durch die Reinkarnation möglich, nach mehreren Leben also.

Im Blick auf die Beziehung zu unserem Lehrer ahnte ich, daß ich im Begriff war, ein zweites Mal mein selbständiges Denken zu verlieren, nachdem ich mich früher der Meinung meines Mannes völlig unterworfen hatte. In ähnlicher Weise stehen die Anthroposophen in der Gefahr, zu einem bloßen Sprachrohr Steiners zu werden.

Es ist das Gegenteil von dem, was Steiner wollte, und auch unser Lehrer wollte uns sicherlich nicht das selbständige, kritische Denken nehmen. Aber es geht hier wie so oft: Die Menschen wollen das Gute, aber erreichen das Schlechte. Und es ist wohl sehr schwer, die eigenen, gar nicht so uneigennützigen Motive von den guten Absichten zu trennen.

Viele der Äußerungen Steiners, die mir früher so bedeutungsschwer und inhaltsträchtig erschienen, halte ich heute allerdings einfach für wirr, verdreht, irreführend und manchmal auch für platt und primitiv. Es erschreckt mich gleichzeitig, wie unzulänglich der menschliche Geist gegen Verwirrung und Verirrung geschützt ist und wie unzureichend vor allen Dingen die Denk- und Bewußtseinsschulung ist, die durch ein Studium vermittelt wird.

5. Rückzug

Gleichgültig, ob unser Lehrer nun ein Guru war oder nicht, ich hatte ihn in meinem Herzen jedenfalls dazu gemacht, und das verlieh ihm eine Macht über mich, über meine Seele und meinen Verstand, an der wir beide hoffnungslos scheiterten. Daran hatte die Anthroposophie damals keine Schuld; sie war eher der Boden, auf dem sich unsere zwischenmenschlichen Dramen abspielten, es hätte auch ein anderer sein können. Jedenfalls mußte ich, innerlich völlig zerschlagen und zerrissen, Wasserburg aufgeben und wieder – mit meinem inzwischen zweijährigen Sohn an der Hand – nach Bremen zurückkehren.

Es war eine Katastrophe. Alle meine Hoffnungen, Ideale und Vorstellungen, endlich das „richtige" Leben gefunden zu haben, waren verlorengegangen, einfach zerstört. Ich stand am absoluten Nullpunkt meines Lebens, aufgefangen von meiner Familie und Freunden, die nach allem trotzdem wieder für mich da waren. Ich schreibe „trotzdem", weil ich sie wegen ihrer bürgerlichen Lebensweise immer ein bißchen verachtet hatte und mir ihnen gegenüber sehr fortschrittlich vorgekommen war.

Was ich glaubte, aus Wasserburg retten zu können, war die Anthroposophie als Lehre, die auf alle Fragen, auch die des Leides, eine sinnvolle Antwort gab, und damit verbunden die Dreigliederung, für die ich mich weiter einsetzen wollte. Dazu mußte ich aber erst einmal Mitstreiter finden, also „linke" Anthroposophen. Die Anthroposophen, die ich kannte, waren mir nicht ganz geheuer, und ich fühlte mich wenig getrieben, mit ihnen Kontakt aufzunehmen. Die unpolitischen Anthroposophen, denen die Dreigliederung sowieso zu revolutionär war, weil sie z.B. das Privateigentum an den Produktionsmitteln aufheben wollte, standen mir noch weniger nahe. Ich fand also zunächst einmal keine Gruppe, der ich mich anschließen konnte.

Während ich noch daran festhielt, daß die Anthroposophie mir irgendwie weiterhelfen würde, hatte sich mein Leben äußerlich wieder einigermaßen stabilisiert. Ich hatte zwei Pflegekinder angenommen, die ich zusammen mit meinem inzwischen dreijährigen Sohn halbtags betreute, eine geeignete Wohnung gefunden und auch meine finanziellen Verhältnisse dank meiner Eltern einigermaßen ins Lot gebracht. Trotzdem stand ich innerlich vor dem Nichts. Was hatte ich bisher erreicht? Eine kaputte Ehe, einen aufgegebenen Beruf, ein abgebrochenes Studium, die Beziehung zum Vater meines Sohnes war zerbrochen, die große idealistische Lebensaufgabe zerronnen. Es reichte! Das Gefühl völliger Kraftlosigkeit überfiel mich, nachdem meine äußeren Lebensverhältnisse halbwegs geordnet waren und ich in meiner neuen Wohnung hockte – ohne eine neue Perspektive für mein Leben erblikken zu können. Ich hatte die größten Schwierigkeiten, morgens auch nur aus dem Bett zu kommen und den Tag anzupakken. – Worauf sollte ich noch zuleben? Meine Ideale von tiefen zwischenmenschlichen Beziehungen als Kraftquelle waren in Wasserburg zerronnen. Ich hielt mich dazu nicht mehr für fähig. Und alleine konnte ich die Vorstellungen eines alternativen Lebens auch nicht verwirklichen. Was von all meinen Vorstellungen, die mich vor drei Jahren nach Wasserburg getrieben hatten, würde ich denn überhaupt weiterverfolgen können?

Einen Ausweg sah ich nur darin, endlich ganz ernsthaft und mit aller Konsequenz an den Schriften Steiners zu arbeiten. In den „Erkenntnissen der höheren Welten“ lag ja der Schlüssel für die Veränderung meines Charakters, so daß ich nicht immer wieder in denselben Sackgassen enden, immer wieder Begonnenes abbrechen, immer wieder scheitern müßte. Ich besaß einfach noch nicht den richtigen Überblick über meine Fähigkeiten und Möglichkeiten, und auf jeden Fall mußte ich auch eine stärkere Persönlichkeit werden, um mich nicht immer wieder an die Wand drücken zu lassen, einfach wegzulaufen, wenn ich nicht mehr atmen konnte …

Ich kaufte mir also noch ein paar Steiner-Bücher und fing an zu lesen. Ich wollte nun auch endlich mit den Meditationen anfangen; ich legte ein Samenkorn vor mich hin und versuchte mir vorzustellen, wie die Pflanze …

… Ich hatte überhaupt keine Kraft für diese Übungen. Mir wurde klar, daß ich es in diesem Leben niemals schaffen würde, mehr als drei Schritte auf diesem Schulungsweg zu gehen. Und das war zu wenig, um das Ziel zu erreichen. „Man kann aber doch nicht immer und immer wieder denselben Mist machen!!!" Aber gleichzeitig wußte ich, ich würde es nicht mehr wagen, irgend etwas Neues anzufangen, weil mein Charakter offenbar so angelegt war, daß alles nur scheitern konnte.

Dann erkannte ich zunehmend und erdrückend fühlbar, wie groß die Schuld war, die ich schon jetzt auf mich geladen hatte. Wieviel Schuld allein aus diesem Leben würde ich im nächsten abtragen müssen! Konnte ich denn jemals auf ein Ende meiner Inkarnationen hoffen, wenn ich selbst in einem Leben mit so vielen Chancen der geistigen Weiterentwicklung, wie sie ein wohlversorgtes Mädchen aus sogenanntem „guten Hause" nur haben konnte, schon so viel falsch machte, so viel Schuld anhäufte? Wenn unter so günstigen Bedingungen schon derart viel in die Brüche ging – von meinem Scheitern war ja immer auch eine Reihe anderer Menschen betroffen –, wie sollte dann meine Schuldenlast jemals geringer werden? Es war ja nicht nur so, daß man in dem einen Leben die Schuld aus dem vorangehenden abzutragen hatte, sondern es kam ja auch in jedem weiteren Leben neue Schuld hinzu. Ich würde wohl ewig wieder neu zur Welt kommen müssen, ohne Hoffnung, jemals vollkommen zu sein und in der geistigen Welt bleiben zu dürfen. Eine entsetzliche Aussicht!

Ich gab auf. Aus mir konnte nichts mehr werden. „Du kannst nur noch ganz schlicht beten", dachte ich, „und wenn das nichts hilft, dann ist es einfach aus mit dir. Dann kannst du noch mit letzter Kraft dein Kind einigermaßen versorgen, aber wie oft wird es wohl zu spät zur Schule kommen, weil seine Mutter, vor Hoffnungslosigkeit wie gelähmt, nicht aufstehen kann!"

Ich kaufte mir also ein anthroposophisches Buch über das Beten. Irgendwie verschwammen mir die Ausführungen darin aber immer wieder vor Augen. Ich hatte die üblichen fürchterlichen Schwierigkeiten und schob die Aufgabe vor mir her, nun endlich beten zu lernen. Gleichzeitig klammerte ich mich aber an den Strohhalm, daß ich es schon noch lernen würde.

Inzwischen war mein Leben durch neue Bekanntschaften und Freunde – vor allem durch die Kinder – äußerlich wieder ein wenig in Bewegung geraten, und ich zehrte eine Zeitlang einfach von dem Vorhaben, daß ich „anthroposophisch beten lernen werde". Aber aus mir heraus konnte ich es überhaupt nicht. Es hörte sich alles so leer und stumpf an, was ich da Gott sagte. Selbst wenn er hinhörte – dessen war ich sicher –, würde er sich bei meinem leeren Gerede bald wieder abwenden. Ich wußte nicht, wie ich beten sollte. Es war alles so weit weg.

6. Das Geschenk des Glaubens

In dieser Zeit begegnete ich einer früheren Klassenkameradin, der ich meine innere Verfassung und meine Wasserburger Erlebnisse sehr offen schilderte, noch ganz auf dem Boden der Anthroposophie. Sie erzählte mir von ihrem Leben mit Jesus Christus, – und es sagte mir fast überhaupt nichts. Immer noch hielt ich die Anthroposophie für der Weisheit letzten Schluß und dem Christentum und allem anderen haushoch überlegen. Es ist schon ein eigenartiges Phänomen, mit welcher Entschiedenheit man an Urteilen, Gedanken und Vorstellungen festhalten will, die man gar nicht gründlich geprüft hat. Wie sich später zeigen sollte, kannte ich ja weder die Bibel und die biblische Botschaft wirklich noch die Anthroposophie, wie sie sich in den Werken ihres Begründers darstellt. Über viele ganz entscheidende biblische und anthroposophische Inhalte und Aussagen hatte ich keine klare Vorstellung, und trotzdem …

Was meine Klassenkameradin sagte, fand ich gut und richtig. Ihre Behauptung, Anthroposophie und Christentum seien zwei ganz verschiedene und miteinander unvereinbare Wege, schrieb ich allerdings ihrer mangelhaften Information zu. Trotzdem ließ ich mich zu einer Gästetagung der christlichen Gemeinschaft einladen, der sie angehörte. „Du kannst ja mal hinfahren!" dachte ich. „Vielleicht erlebst du ein paar anregende Tage, bist mal wieder mit anderen Menschen zusammen und kannst etwas Neues lernen."

Ich meldete mich also an, obwohl ich zu dem Tagungstermin eigentlich etwas ganz anderes vorhatte, dem ich auf jeden Fall den Vorrang geben wollte. Ich bekam eine Zusage für die Tagung und wollte eigentlich gleich wieder absagen. Dann dachte ich: „Das kannst du immer noch machen. Wart' erst mal ab!"

Meine anderen Pläne zerschlugen sich dann auf eine etwas eigenartige Weise, so daß ich zunehmend das Gefühl bekam: „Du *sollst* wohl auf diese Tagung!" Dabei wußte ich gar nicht, was mich erwartete. Die Tagung selbst hatte nämlich kein Thema, und ich fuhr irgendwie ins Ungewisse, wie in ein Abenteuer. Ich war aufgeregt, gespannt und freute mich doch auch auf diese Tage.

Zunächst fand ich ein schöngelegenes Tagungshaus vor, einen sehr freundlichen Empfang und achtzig Tagungsteilnehmer. Davon waren dreißig Mitarbeiter des „Marburger Kreises" – so hieß die freie evangelische Gruppe oder Gemeinschaft, die uns eingeladen hatte. Natürlich schaute ich mir diese Leute genau an. Es waren rein äußerlich gesehen „Menschen wie du und ich", ziemlich ordentlich und bürgerlich im Vergleich zu der „Alternativszene", aus der ich kam. Wie üblich bei solchen Veranstaltungen kamen die meisten von ihnen wohl aus der Ober- und Mittelschicht unserer Gesellschaft. Sie machten weder einen „besonderen" noch einen irgendwie „verdächtigen" Eindruck. Denn natürlich fragte ich mich, ob ich es vielleicht mit einer Sekte zu tun hätte.

Die ganze Atmosphäre war dann so herzlich und liebevoll, daß ich mich bald sehr wohl unter den vielen, mir ja zunächst noch ganz fremden Menschen fühlte. Ängste, die ich sonst bei solchen Versammlungen hatte, traten gar nicht erst auf. Kontakte knüpften sich sehr schnell, und die Gespräche gingen bald über Oberflächliches hinaus in die Tiefe persönlichen Erlebens.

Wir hörten Referate, die von ganz persönlichen Beiträgen der Mitarbeiter begleitet wurden. Thematisch ging es um die Welt, in der wir leben, und um die Frage, was der christliche Glaube und die Bibel zu den uns heute so schwer drückenden

Grundproblemen zu sagen haben. Es wurde von Jesus Christus gesprochen, von seinem Auftrag, die Welt zu retten, von Sünde (festgemacht an vier Meßpunkten: Lieblosigkeit, Ichsucht, Unehrlichkeit, geschlechtliches Fehlverhalten), von Beichte und Vergebung und auch von der Entscheidung, sein Leben der Führung Jesu zu unterstellen, der gesagt hat:

„Wenn jemand mich liebt, wird er mein Wort halten, und mein Vater wird ihn lieben, und wir werden zu ihm kommen und Wohnung bei ihm machen", Johannes 14,23.

Die Frage war: Erkenne ich mich als einen Menschen, der durch sein Leben schuldig geworden ist – wie alle anderen auch?

Erkenne ich mich als einen Menschen, der es aus eigener Kraft auf Dauer nicht schaffen kann, Schuld zu vermeiden?

Erkenne ich mich als einen, der Vergebung dieser Schuld nötig hat, damit er nicht unter ihr zusammenbricht, müde und gelähmt?

Und schließlich: Erkenne ich, daß ich gegen den Willen Gottes gehandelt habe und immer wieder von Natur aus gegen seinen Willen handeln werde? Daß ich eine Hilfe brauche, die menschliche Möglichkeiten übersteigt, wenn ich den positiven Regungen meines Gewissens wirklich folgen soll? Daß ich aus eigener Kraft nicht „gut" werden kann?

Gegen Ende der Wasserburger Zeit hatte ich am meisten gelitten unter dem Abgrund, der sich zwischen meiner Erkenntnisfähigkeit und meiner Handlungsfähigkeit auftat. Immer und immer wieder handelte und redete ich genau im Gegensatz zu dem, was ich längst als richtig und gut erkannt hatte. Und nun hörte ich den Apostel Paulus bekennen:

„Denn ich weiß, daß in mir, das ist in meinem Fleische, nichts Gutes wohnt. Denn das Wollen ist zwar bei mir vorhanden, das Vollbringen des Guten aber nicht. Denn nicht das Gute, das ich will, tue ich, sondern das Böse, das ich nicht will, führe ich aus", Römerbrief 7,18.

Was mich so lange gequält hatte, dieser Konflikt in mir zwischen Erkennen und Tun, war also ein grundsätzliches menschliches Problem und nicht allein meine ganz spezielle

Unfähigkeit! Gleichzeitig schöpfte ich Hoffnung. Denn dieser Konflikt, in dem jeder Mensch steckt, ob er sich dessen bewußt ist oder nicht, war mit der Hilfe von Jesus Christus zu lösen, wenn ich mich ihm im Glauben anvertraute. Jesus Christus ist die Brücke über diesen Abgrund zwischen Erkennen und Tun. Ich *wußte* nach all den Kämpfen, die ich durchlebt hatte: Wenn es irgendeine Hoffnung geben konnte, dann liegt sie in diesem Jesus Christus, der versprochen hat:

> „Und siehe: ich bin bei euch alle Tage bis an das Ende der Welt“, Matthäus 28,20.

Denn in der Bibel wurde wirklich mein Problem beim Namen genannt und zugleich Jesus Christus als der Weg, die Wahrheit und das Leben neben dieses Problem gestellt.

Ich begriff, daß ich meiner Schuld nur dann tapfer und ehrlich ins Auge blicken kann, wenn ich wissen darf, daß es *Vergebung* dafür gibt, eine Vergebung, die auch wirklich entlastend und befreiend zu *erfahren* ist. Ich wußte jetzt, daß diese manchmal so unüberwindlich erscheinende Lähmung meiner Lebenskraft damit zusammenhing, daß ich mich an vielen Menschen schuldig fühlte. Gewiß, ich hatte nichts Böses gewollt, mir nur mühevoll meinen Weg gesucht, aber was hatte ich alles angerichtet! Mein Kind würde ohne Vater aufwachsen, nur weil ich gemeint hatte, es sei bei genügend großer Liebe doch sehr wohl gerechtfertigt, in eine Ehe einzubrechen, wenn sie nur noch auf dem Papier bestand (was natürlich nicht stimmte). Ich war eine ganz gute Lehrerin gewesen und hätte sicher noch vielen Schülern etwas geben können – aber ich mußte statt dessen meiner Selbstentfaltung nachjagen. Ich hatte Wasserburg und die Gruppe dort von heute auf morgen im Stich gelassen, war meinem Mann weggelaufen, ohne ihm noch die kleinste Chance zu geben ... Und was hatte ich nicht zuletzt meinen Eltern an kostspieligen Hin- und Herwegen zugemutet? Konnte ich noch behaupten, die Schuld an all meinem Scheitern hätten die anderen oder die Umstände? Mein Mann, der mich ja nie verstand, meine Eltern, die mich nicht richtig erzogen, die Wasserburger Gruppe, die mich zu viel kritisierte und in Frage stellte, die Gesellschaft mit ihren unmenschlichen Forderungen? Nein, das konnte ich jetzt nicht mehr. Wie lebt und stirbt man aber im Angesicht von Schuld, die einem keiner abnimmt?

Endlich begriff ich, was es bedeutet: Jesus Christus ist ans Kreuz gegangen zur Vergebung unserer Sünden. Endlich begriff ich, daß wir, ich, die Menschheit überhaupt, ein solches Opfer bitter nötig hatten.

Und das Versprechen, das ich hier bekam, hieß: Wenn ich zu Jesus gehe mit meiner Schuld, mit all meinen Sünden und meinem Scheitern, dann vergibt er mir, dann macht er mich wieder heil. Und das muß ich nicht nur glauben, sondern werde es auch in meinem Lebensgefühl als Veränderung erfahren.

> „Wenn wir sagen, daß wir keine Sünde haben, führen wir uns selbst irre, und die Wahrheit ist nicht in uns. Wenn wir unsere Sünde bekennen, ist er treu und gerecht, so daß er uns die Sünden vergibt und uns von aller Ungerechtigkeit reinigt", 1. Johannes 1,9.

Aus der Psychologie und Psychotherapie wußte ich, daß verdrängte Schuldgefühle die Menschen krankmachen, daß sie Depressionen bewirken, Magengeschwüre erzeugen können. Warum werden Schuldgefühle dann aber verdrängt? Ich glaube, weil wir es nicht ertragen, uns schuldig zu wissen. Und warum ertragen wir es nicht? Der Grund liegt wohl darin, daß der materialistisch geprägte Mensch, der ohne Gott lebt, keine Vergebung durch eine – ich möchte es einmal so ausdrücken – höchste, absolut gute Instanz kennt. Die eingestandene Schuld würde ihn erdrücken. Darum schiebt er sie weg, *muß* sie verdrängen und es vor seiner Mitwelt ängstlich verbergen, daß er kein Schuldloser mehr ist. Unter Umständen kämpft er für die Abschaffung von Paragraphen in der Hoffnung, daß ein anderes Bewußtsein seiner Umwelt ihm die Schuld abnimmt. Wie soll z.B. eine Frau, die vielleicht unter schrecklichen Kämpfen ihr Baby abgetrieben hat, dieser Tat als Schuld ins Angesicht sehen, wenn es dabei bleiben soll, daß sie etwas getan hat, was nie wieder gutzumachen ist? Aber kann ihr Problem dadurch gelöst werden, daß z.B. der Abtreibungsparagraph entfällt? Können wir Menschen uns gegenseitig von Schuld freisprechen?

Die Vergebung, die Jesus Christus schenkt, auch für die schwerste und schlimmste Schuld, habe ich persönlich nicht schlagartig auf dieser Tagung erfahren, sondern erst danach, und zwar wie einen inneren Heilungsprozeß, so, als ob in meinem Inneren alle Vorhänge aufgezogen würden. Und dahinter war es jetzt nicht mehr dunkel, verworren, unordentlich, sondern einfach hell. Es war, als ob alte Wunden sich langsam schlossen und verheilten; manchmal fühlte ich mich wirklich wie neu geboren. Am besten könnte ich es mit der Reinigung eines Hauses vergleichen, in dem man nachher mit einem ganz neuen Wohngefühl leben kann als zuvor – je nachdem natürlich, wie schmutzig es war. Allerdings, auch nachher wird mein „inneres Haus" immer wieder schmutzig und unordentlich, es muß also immer wieder neu aufgeräumt und gereinigt werden.

Einen tiefen Eindruck während dieser Tagung machte auf mich, daß auch Männer aufstanden und offen über die Schuld sprachen, die sie persönlich in ihrem Leben auf sich geladen hatten. Es wirkte in keiner Weise peinlich. Man spürte, daß diese Dinge überwunden, verarbeitet, verheilt waren. Aber sie machten ganz deutlich: „Wir sind Menschen, die Fehler machen, die Schuld haben und keine weiße Weste." Und sie nannten ihre Schuld auch beim Namen. Es kam kein allgemeines „Ja, natürlich, Fehler hat ja jeder" oder „Alle Menschen sind Sünder!". Bisher hatte ich eine solche Offenheit fast ausschließlich bei Frauen erlebt.

All das war mir in gewisser Weise ja ganz vertraut. Es entsprach zutiefst dem, was wir in Wasserburg eigentlich gewollt hatten. Wir hatten es lernen wollen, uns selbst und andere mit unseren Fehlern anzunehmen, sie nicht zu vertuschen, sondern uns zu ihnen zu bekennen und trotzdem nicht in Selbstzweifel und Selbstvorwürfe zu verfallen. Wir hatten es lernen wollen, den anderen zu kritisieren und auf seine Fehler aufmerksam zu machen, aber das in einer liebevollen und hilfreichen Weise. Dieses Ziel schien mir erstrebenswert und für alle richtig zu sein. Warum konnte ich dann trotzdem die Wahrheit über mich nicht ertragen?

Aus verschiedensten Gründen war ich in Wasserburg sehr häufig Anlaß kritischer Auseinandersetzung in der Gruppe gewesen. Keiner war dabei irgendwie böse zu mir, alle wendeten im Gegenteil unendlich viel Zeit dafür auf, sich mit meiner Person zu beschäftigen, und bemühten sich immer wieder sehr darum, mich nach solchen oft strapaziösen Prozessen wieder auf- und anzunehmen. Im Laufe der Zeit konnte ich mich aber der Empfindung nicht mehr erwehren, ich sei ein fürchterlich schwieriger Mensch und immer darauf angewiesen, „trotzdem" in Gnaden angenommen zu werden. Und das löste mit der Zeit eine Lawine von entsetzlich demütigenden Situationen und Gefühlen aus. Ich hatte nur noch Angst, obwohl kein Mensch da war, der mir tatsächlich an den Kragen wollte.

Während der Tagung meinte ich, den Grund dieses langsamen Abstieges zu entdecken. Wir Menschen sind ohne eine Kraftquelle, die unsere eigenen Möglichkeiten übersteigt, und ohne den direkten Bezug zu Jesus Christus überhaupt nicht in der Lage, uns mit unseren Fehlern und verletzenden Verhaltensweisen in einer den *eigenen* Fehlern und falschen Verhaltensweisen entsprechenden Weise gegenseitig anzunehmen.

„Was siehst du aber den Splitter in deines Bruders Auge, des Balkens jedoch in deinem Auge wirst du nicht gewahr?"
Matthäus 7,3.

Wir schaffen es aus eigener Kraft nicht, den anderen Menschen objektiv zu beurteilen. In jede Kritik am anderen, und sei sie noch so liebevoll gefaßt, schleichen sich selbstsüchtige Motive ein: Wir übersehen immer erst einmal den Balken im eigenen Auge und machen den Splitter im Auge des anderen zum Balken. Der Verstand schafft es vielleicht gerade noch, uns klarzumachen, daß uns doch gerade das bei anderen am meisten zu schaffen macht, was bei uns selbst am wenigsten in Ordnung ist, aber unser Gefühl reagiert dennoch selbstgerecht! Ich schaffe es nicht aus mir heraus, einem anderen uneigennützig zu begegnen, und da, wo ich ihn kritisiere, schon gar nicht, auch wenn ich mir einrede, ich wolle ihm helfen. Niemand in Wasserburg hatte *bewußt* auf meine Kosten sein Selbstbewußtsein aufpoliert, aber – so sehe ich es heute und empfinde es als nur zu natürlich: In jeder Kritik am anderen steckte eine Menge Selbstliebe, und das macht einen Prozeß wie den in Wasserburg, in dem man versucht, so offen wie möglich miteinander umzugehen und über gegenseitige Verletzungen immer wieder zu sprechen, gefährlich und unberechenbar; wie überall, wo Menschen sich mit ihren Tücken und Macken im Alltag begegnen.

Wie schnell kommt man doch an einen Punkt, an dem man plötzlich nicht mehr miteinander sprechen kann, selbst wenn man es möchte; wo man nur noch beherrscht ist von dem Trieb, sich selbst zu retten, vor dem anderen zu bewahren; wo man den anderen vor lauter Angst um die eigene, mühsam erworbene Position überhaupt nicht mehr sehen kann; wo jedes Wort mißverstanden wird und einfach *nichts* mehr stimmt.

Ich war z.B. längst zu der Meinung gekommen, die Ehe sei ein unmögliches Unterfangen. Ich kannte keine Ehe, die mir nachahmenswert erschien, und schloß daraus und aus den vielen Trennungen in meinem Freundeskreis, daß sie einfach eine überholte Institution sein mußte. Auf der Tagung lernte ich nun allerdings Ehepaare kennen, die meine Meinung gründlich in Frage stellten. Auch wenn sie gar nicht über ihre Ehen redeten, merkte ich doch an der Art, wie die Eheleute miteinander umgingen, einander zuhörten, miteinander sprachen, daß sie sich noch liebten, auch wenn sie schon lange verheiratet waren. Andere erzählten davon, daß sie in ihrer Ehe an jenen Punkt gekommen waren, wo sie nicht mehr wirklich miteinander reden konnten, wo sie sich einfach nicht mehr lieb hatten. Ihre Ehe hatte nur noch aus Verdrängungen und Problemen bestanden, mit denen sie aus eigener Kraft nicht mehr fertig wurden. Der Weg der Heilung hatte begonnen, als sie gemeinsam ihr Leben an Jesus Christus übergaben.

Was ich sah, war so überzeugend für mich, daß eine große Hoffnung in mir aufkeimte: Nicht die, daß ich vielleicht doch noch meinen Traumprinzen finden würde, sondern daß es doch noch einen Weg gab zu heilen und tragenden menschlichen Bindungen.

Daß aus eigener Kraft nichts mehr geht, war ja auch meine Situation. Nun erlebte ich sie aber nicht mehr nur als mein eigenes, einsames, aus meinen persönlichen Unfähigkeiten entstandenes Problem, sondern als eine menschliche Grundtatsache. Wenn Jesus Christus sagt: „Ohne mich könnt ihr nichts tun!", Johannes 15,5 – und ich glaube ihm –, dann konnte es überhaupt nicht anders kommen in meinem Leben, als daß ich schließlich mit leeren Händen vor ihm stand. Schließlich hatte ich mich ja aus eigener Kraft „hocharbeiten" wollen; ich hatte ja alles ohne ihn getan. Welche hochfliegenden Pläne hatte ich gehabt: Ich wollte mein Bewußtsein immer mehr erweitern, die Welt durch die Idee der Dreigliederung retten, eine Geistesfamilie schaffen und durch sie die Blutsbindungen überwinden ... Doch das alles war auf Sand gebaut! Die Lükke, die ich in Wasserburg hinterlassen hatte, wurde schnell geschlossen – mit meiner „Geistesfamilie" konnte ich so gut wie keinen Kontakt halten und sie zu mir auch nicht. „Der Christus" hatte zwar auch in Wasserburg eine Rolle gespielt; es wurde oft von ihm geredet, aber ausschließlich im Sinne Steiners und was *er* dazu sagt. Für meine inneren Kämpfe hatte Christus jedenfalls keine Bedeutung gehabt. Ich rang und litt da an mir selber, so lange und intensiv, daß ich mich schließlich wie in einem Teufelskreis immer und immer wieder um mich selber drehte. Dabei hatte ich noch gemeint, dies sei eben der Weg zu meinem „göttlichen Kern", und daß ich mich dabei bis zum Schlechtwerden um mich selbst drehen müsse, sei ein notwendiges Leiden dorthin. Einmal würde ich dann schon die Wahrheit erkennen, und dann sei alles gut.

Hier wurde ein anderer Weg angeboten: „Wenn du dich um *Jesus* drehst, *dann* kommst du zu dir."

Es gab noch vieles, was ich auf der Tagung erlebte und was unmittelbar in all die Fragen und Probleme meiner augenblicklichen Lebenssituation hineinsprach und hineinwirkte. Ich wußte sehr bald, daß ich nach diesem Jesus greifen wollte, von dem sie hier sprachen. Aus menschlicher Sicht ist es nicht zu erklären, warum man sich von anderen Menschen vor eine solche Entscheidung stellen läßt:

Willst du dein Leben dem Jesus von Nazareth übergeben, der für dich gestorben ist und der dich unendlich liebt, so, wie du es dir immer von Menschen gewünscht und nie bekommen hast? Willst du dich von ihm führen lassen und ihm alle deine Schuld bekennen, damit er sie dir vergeben kann?

Ich habe dann diesen Schritt getan, auch wenn ich es mir – heute sehe ich es mit Schrecken – fast doch noch anders überlegt hätte. Das einzige, dem ich mich nämlich während dieser Tagung nicht anschließen wollte, war die Behauptung, die Anthroposophie sei ein Irrweg, der nicht zu Jesus hinführe, sondern an ihm vorbei. Ich sollte mich davon lösen. Das verstand ich nicht, trotz aller „Aha-Erlebnisse", die mir über meine Wasserburger Zeit geschenkt worden waren. Wieso, das waren doch auch Christen? Sie gingen einen anderen Weg, einen, der für mich zu schwer war, der aber doch auch Christus zum Mittelpunkt hatte.

Als man mich davon überzeugen wollte, daß Christentum und Anthroposophie miteinander unvereinbar sind, bzw. daß der christliche Glaube dem anthroposophischen Erkenntnisweg widerspricht, dachte ich: „Die wollen dir hier was einreden!" Außerdem wollte ich nicht auf meinen anthroposophischen Kinderarzt verzichten und meinen Sohn nicht im Waldorfkindergarten abmelden. Es war natürlich auch mein größter Wunsch gewesen, einen der begehrten Plätze für ihn zu ergattern.

Doch ich mußte mir schließlich die Frage stellen: „Was willst du denn nun? Willst du Jesus, oder willst du Dr. X und den Kindergarten?" Damit wurde mir die Entscheidung dann doch leicht. Dr. X würde mir gewiß nicht aus meiner Lebenskrise heraushelfen, und das Schicksal meines Kindes würde sich nicht unbedingt an seinem Kindergartenplatz entscheiden. Ich sagte mich also von der Anthroposophie los – auch wenn ich von diesem Schritt noch nicht ganz überzeugt war. Aber ich wußte, daß ich hier einen ersten Gehorsamsschritt zu gehen hatte, der mich Jesus näherbrachte. Ich wollte auf *jeden* Fall diese Entscheidung für Jesus treffen, auf jeden Fall dieses Rettungsboot, das in Sicht gekommen war, nicht wieder vorbeifahren lassen.

Die Konsequenzen fielen mir dann noch sehr schwer: Ich schrieb Dr. X einen freundlichen und dankbaren Abschiedsbrief und meldete das Kind im Kindergarten ab. Dann brachte ich alle meine anthroposophischen Bücher auf den Müllplatz: bei meiner Bücherkaufsucht ein kleines Vermögen. Mein Herz blutete noch dabei, aber nicht lange. Mein Interesse an allem Anthroposophischen erlosch regelrecht, es rückte alles von mir ab, etwa so, wie die Rücklichter eines wegfahrenden Zuges, die man vom Bahnsteig aus immer weniger erkennen kann. Ich vermißte mein „tägliches Brot", die anthroposophischen Bücher, überhaupt nicht mehr – ich hatte jetzt die Bibel und das Geschenk, daß ich sie lesen *wollte.* Ihr Inhalt verschwamm mir nicht vor den Augen, sondern redete zu mir in großer, zunächst unbegreiflicher Klarheit. Nachdem ich zunächst in einem reinen Willensakt Jesus mein Leben übergeben und mich seiner Führung unterstellt hatte – konnte ich nun glauben, daß die Bibel *wirklich* Gottes Wort ist, daß Jesus *wirklich* auferstanden ist, daß er Gottes Sohn ist, daß er lebt und für mich, für jeden von uns, da ist, ansprechbar und bereit zu helfen. Ich lernte es, mit eigenen Worten zu beten, auch mit anderen gemeinsam, und erlebte, daß Gebete erhört werden, nicht immer so, wie ich mir das vorstelle, nicht immer sofort – und manchmal auf ganz überwältigende Weise.

Die Anthroposophie, so habe ich sie jedenfalls verstanden und praktiziert, gibt keine Gebote, setzt keine Maßstäbe. Alles ist möglich, da karmisch bedingt. Was sich so frei und weltoffen anhört, führt in Wirklichkeit aber dazu, daß man völlig schutzlos jedem Irrweg folgt. Wo die Bibel es z.B. verbietet, Hellseherei zu betreiben oder zum Wahrsager zu gehen, da redet die Anthroposophie lediglich von „abgelegten, unentwickelten Wegen". Wem es nichts ausmacht, als „unentwickelt" zu gelten, der kann also ruhig zu solchen Praktiken greifen.

Ich kann es einfach nicht beschreiben, wie im wahrsten Sinne des Wortes „erfrischend" und „erquickend" es für mein verwirrtes Herz war, diesen geraden und klaren Weg der Nachfolge Jesu vor mir zu sehen. Nun mußte ich nicht mehr Angst haben, irgendwo in den vielen Bewegungen, die sich „auf der Suche nach der Wahrheit" befinden, einen Wahrheitszipfel zu verpassen – nun mußte ich nicht mehr weiter suchen und herumprobieren. Jesus sagt: „Ich bin der Weg, die Wahrheit und das Leben." Wenn das stimmt, dann können Weg, Wahrheit und Leben nicht woanders liegen, nicht im Buddhismus, nicht im Islam, nicht in der Transzendentalen Meditation, nicht im Kommunismus und auch nicht in der Anthroposophie. Ich *glaube* ihm, und damit fühle ich mich jetzt wirklich in Sicherheit und geborgen. Endlich weiß ich, wo es lang geht.

Als ich mein Leben Jesus gegeben hatte, begann ich Erfahrungen mit ihm zu machen, erlebte ich seine Führung, erlebte ich eine innere Heilung. Natürlich gab es auch dunkle Tunnel des Zweifelns und der Anfechtungen im Glauben, aber dann waren andere Christen da: Wenn bei mir gerade alles dunkel war, dann halfen sie mir mit ihren Erlebnissen und Erfahrungen wieder auf meine „Glaubensbeine". Hatte ich den Draht nach „oben" zwischendurch einmal verloren, so erlebte ich Jesus doch im Leben der anderen, und das war eigentlich genauso wichtig.

Ich habe meinen Schritt, so wie ich ihn vor zwei Jahren getan habe, nie bereut und denke manchmal wirklich mit Schaudern daran, wo ich wohl heute mit meinem kleinen Jungen an der Hand stehen würde, wenn ich diesen Weg nicht hätte finden dürfen.

Früher hielt ich es für besonders aufrichtig von den Anthroposophen, daß sie uns Gott nicht als Person vorstellen, sondern allenfalls als einen „väterlichen Daseinsgrund", und daß sie Jesus Christus eher als Kraft, als Impuls gelten lassen wollen denn als einen Menschen aus Fleisch und Blut und als Gottessohn. Jetzt, nachdem ich eine persönliche Beziehung zu diesem Gott durch Jesus aufnehmen durfte und weiß, daß er gekommen ist, damit ich erfahren kann, wie nah Gott ist, und daß diese persönliche Beziehung sogar wächst an Nähe und Vertrautheit, seitdem tut mir jeder Anthroposoph von Herzen leid, der einem unpersönlichen Sonnenwesen anhängt, „das den Erdenleib durchkraftet".

Einer der Gründe für die ausführliche Schilderung meiner persönlichen Erfahrungen mit der Anthroposophie liegt darin, daß sie mir recht typisch zu sein scheinen für Menschen, die auf der Suche nach einer Antwort auf ihre Lebensfragen in das geschlossene System einer Weltanschauung eintreten. „Das Ideologisieren ist offenbar eine Grundversuchung des menschlichen Denkens und Handelns."[25]

Der Einstieg in eine Ideologie erfolgt ja, ganz gleich, wie intellektuell sie sich gibt, vielfach eher über das Herz als über den Kopf. Ich glaube, die meisten Menschen sehnen sich danach, sich mit Leib und Seele für irgend etwas, für eine Sache, eine Idee, eine Überzeugung einsetzen zu können. Vermutlich hängen die meisten Suchtprobleme damit zusammen, daß der heutige Materialismus nichts hat, was Herz und Seele wirklich überzeugt.

Deshalb meine ich, daß die geistige Auseinandersetzung mit einer Ideologie davon beeinflußt wird, wie sympathisch sie mir von vornherein ist. Möchte ich, daß die Ideologie sich als etwas erweist, für das ich mich mit Leib, Seele und Geist einsetzen kann? Oder ist sie mir gleichgültig? Oder lehne ich sie schon von Anfang an gefühlsmäßig ab?

Anders kann ich mir kaum erklären, warum ich als Anhängerin der Anthroposophie so „betriebsblind" war, daß ich all die Gedankengänge, Behauptungen und Widersprüchlichkeiten Steiners, über die ich heute erschrecke, damals nicht einmal wahrnahm.

Die Logik der Argumentationsketten, wie sie zu jeder Ideologie gehören und von ihren Vertretern in Schulungen weitergegeben werden, spielt in diesem Zusammenhang eine große Rolle. Man vergißt nämlich allzuleicht, daß etwas in sich logisch sein kann, aber deshalb noch lange nicht wahr sein muß. Wenn ich z.B. möchte, daß die Anthroposophie die Wahrheit bringt, weil sie mir sympathisch ist und ich endlich eine geistige Heimat haben will, dann überzeugt mich natürlich am meisten die Logik, die Steiners Sicht bestätigt. Den eigenen Bedürfnissen und Wünschen zuwider ebenso logische Gegenargumente zu erarbeiten, ist fast nicht zu schaffen. Es braucht großen Mut und seelische Tapferkeit, sich mit kritischen Überlegungen über „Herzensangelegenheiten" selbst weh zu tun.

Ein Beispiel:
Die Kritiker werfen Steiner vor, daß sein höherer Erkenntnisweg und damit die Grundlage all dessen, was der Anthroposophie ihren Inhalt gibt, nicht nachprüfbar sei. Seine sogenannten Forschungsergebnisse könnten genausogut auf dem Wege der Suggestion zustandegekommen sein.

Steiner sagt dazu, und das ist eben *seine* Logik und wird von seinen Freunden in dieser Weise weitergegeben: Diese Art von Erkenntnis müsse man sich schrittweise aneignen, genauso wie man sich z.B. eine Fremdsprache aneignet: Vokabel für Vokabel. Dazu brauche es viel Arbeit, Geduld und vor allem die Bereitschaft, über die Dinge einmal ganz anders zu denken, als man es gewohnt ist. Wer ihn kritisiere, bevor er seine Schritte nachvollzogen habe, sei einfach bequem und urteile wie der Blinde von der Farbe.

Je nachdem, wo man selbst gerade steht, kann man sich die eine oder die andere Argumentation zu eigen machen.

Aber wo liegt denn nun die Wahrheit? Ist die Anthroposophie eine Spinnerei, oder sind ihre Kritiker nur zu konservativ, um einmal ganz neue, ungewohnte und unbequeme Gedankengänge aufzunehmen?

Ich bin in dieser Frage zu zwei Schlußfolgerungen gekommen, die ich im folgenden Teil näher begründen will:

1. Die Anthroposophie ist keine Wissenschaft.
2. Anthroposophie und christlicher Glaube sind nicht unterschiedliche Wege zum selben Ziel, sondern schließen sich gegenseitig aus.

Ob Steiner darüber hinaus nun wirklich „Schauungen“ realer übersinnlicher Gegebenheiten hatte oder an Einbildungen litt, eine unerschöpfliche Phantasie besaß oder vielleicht doch nur alles mögliche aus anderen Philosophien, Religionen, Geheimlehren usw. zusammengetragen, vermischt und dann als seine „Schauungen“ ausgegeben hat, das wage ich nicht zu beurteilen. Und da ich weder den Geheimpfad erwandern noch auf andere Art „hellsehen“ lernen möchte, werde ich auch nie endgültig wissen können, ob das, was Steiner „hellgesehen“ hat, wahr, teilweise wahr oder gar nicht wahr ist. Vielleicht ist er in eine Welt der Täuschungen eingedrungen oder in eine Welt, in der Wahrheit und Täuschungen vermischt sind. Vermutlich würde ich das nicht einmal dann ergründen können, wenn ich mein ganzes Leben und noch drei weitere Inkarnationen dem Studium der Anthroposophie widmete.

DRITTER TEIL

Kritische Auseinandersetzung mit der Anthroposophie – Anthroposophie und christlicher Glaube

Wenn ich mich nun im folgenden noch einmal kritisch mit der Anthroposophie und mit Rudolf Steiner beschäftige, dann tue ich das auf der Grundlage, daß die Bibel das inspirierte Wort Gottes ist und in Jesus Christus *den* Weg, *die* Wahrheit und *das* Leben für jeden einzelnen Menschen zeigt. Ich halte dieses Vorgehen für gerechtfertigt, denn auch die Anthroposophie behauptet, Weg, Wahrheit und Leben zu bringen, und Christus ist der Mittelpunkt für die Glaubensaussagen der „Christengemeinschaft". Das berechtigt, Anthroposophie auf die eine und den christlichen Glauben auf die andere Waagschale zu legen.

Der Zusammenhang zwischen Anthroposophie und ihrer Tochterbewegung, der „Christengemeinschaft", darf dabei nicht übersehen werden:

> „Was die Christengemeinschaft eint, sind die großen Grundwahrheiten und Grundtatsachen des Christentums, allerdings aus einer neuen Geistigkeit heraus geschaut – und daß sie ohne diese verloren worden wären, zeigt die Geschichte der Gegenwart."
>
> „‚Die neue Geistigkeit' ist die Anthroposophie. Und ohne sie wäre das ganze Christentum verlorengegangen. Folglich ist alles, was es außerhalb der Christengemeinschaft noch an Christentum gibt, gar keins." [26]

Die Christengemeinschaft ist eine Bewegung für religiöse Erneuerung. Sie wendet sich an Christen, die in den herkömmlichen Kirchen und Glaubenslehren keine Befriedigung mehr finden. Die Anthroposophie versteht sich als Wissenschaft und Erkenntnisweg und will der Christengemeinschaft die neue Schau auf die „Grundwahrheiten und Grundtatsachen des Christentums“ vermitteln. Diese *neue* Schau unterscheidet sie von den alten christlichen Institutionen. Erweist sich also die Anthroposophie als eine fragwürdige Wissenschaft oder stellt sich gar heraus, daß sie gar keine Wissenschaft ist, sondern ein Glaubensweg, dann hat auch die Christengemeinschaft ihr Fundament verloren.

Es wäre also zunächst zu klären, ob man die Anthroposophie als eine Wissenschaft bezeichnen kann, und anschließend, ob Anthroposophie als Glaubenslehre mit dem christlichen Glauben übereinstimmt oder nicht.

I. Ist Anthroposophie eine Wissenschaft?

Es erscheint mir gerechtfertigt, meine kritische Fragestellung an einem der Hauptwerke Steiners „Wie erlangt man Erkenntnisse der höheren Welten?“ festzumachen. In diesem Buch beschreibt Steiner ja den Weg, den er begehen mußte, um zu der Fülle seiner Forschungsergebnisse zu gelangen. Wer also nachprüfen will, ob seine Ergebnisse im wissenschaftlichen Sinne exakt und richtig sind, muß diesen Schulungsweg nachvollziehen.

Leider hat die Sache einen ganz entscheidenden Haken: Der Schulungsweg ist nicht zu vergleichen mit der Überprüfung wissenschaftlicher Ergebnisse, wie es sonst üblich ist. Er ist nämlich abhängig von vielen Faktoren in der Persönlichkeit und im Charakter des Wissenschaftlers, der diese Prüfung durchführen möchte. Um mit Steiner zu reden: Überall da, wo der Charakter des Geheimschülers Mängel aufweist, wo es seinem Denkvermögen an Vorurteilslosigkeit, Schärfe und Klarheit mangelt, überall da lauern Irrtümer und Täuschungen. Will man also Steiners

> „exakte wissenschaftliche Methode zur Erforschung der übersinnlichen Welt“ [27]

erproben, dann muß man einen sehr schmalen Grat begehen; auf beiden Seiten lauern Abgründe, in die man stürzt, wenn man nicht genügend an seinem Charakter und seinem Denkvermögen gearbeitet hat.

Ich möchte Steiner nun selbst reden lassen, um deutlich zu machen, was ein Mensch, der Steiners „exakte wissenschaftliche Methode“ anwenden möchte, alles leisten muß und was ihm dabei alles passieren kann (die Seitenzahlen beziehen sich auf die 19. Aufl. der „Erkenntnisse“):

1. Über Fähigkeiten und charakterliche Voraussetzungen dessen, der Geheimschüler werden will

> „Alles hängt in bezug auf die Geheimschülerschaft davon ab, daß man energisch, mit innerer Wahrheit und rückhaltloser Aufrichtigkeit sich selbst, mit allen seinen Handlungen und Taten, als ein völlig Fremder gegenüberstehen kann“ (S. 34).

Da Steiner ja behauptet, den Schulungsweg bis zum beschriebenen Ziel gegangen zu sein, müssen wir davon ausgehen, daß er selbst ein rückhaltlos aufrichtiger Mensch war. Jede Verschwommenheit, jedes Taktieren, jedes Ausweichen, wenn etwas kritisch wird, muß ihm unmöglich gewesen sein. Er sagt selbst, daß andernfalls eine wichtige Voraussetzung nicht erfüllt wäre.

> Der Geheimschüler „soll nicht unbestimmte Empfindungen in seiner Seele haben ... Klar, scharf, bestimmt sollen sich seine Gedanken gestalten“ (S. 36).

Diesem Anspruch gemäß müßten also auch Steiners Gedanken klar, scharf und bestimmt sein. Das müßte sich auch in seiner Sprache ausdrücken.

> Der Mensch muß sich auf einer bestimmten Stufe jederzeit verbieten, „verkehrte Gefühle und Gedanken zu hegen“ (S. 45).

Was ist ein verkehrter Gedanke oder ein verkehrtes Gefühl? Weiß ich immer, ob meine Gedanken und Gefühle verkehrt sind? Ich empfinde z.B. Steiners Gedanken nicht als klar, scharf und bestimmt, sondern als unklar, verschwommen und unbestimmt. Ist das nun ein verkehrtes Gefühl von mir? Wer bestimmt, was verkehrte Gefühle und Gedanken sind?

Die goldene Regel der wahren Geheimwissenschaft lautet:

> „Wenn du einen Schritt vorwärts zu machen versuchst in der Erkenntnis geheimer Wahrheiten, so mache zugleich drei vorwärts in der Vervollkommnung deines Charakters zum Guten" (S. 64).

Hierzu die Frage: Wann habe ich drei Schritte in meiner Charakterveredelung geschafft? Ist diese Goldene Regel wirklich klar und bestimmt formuliert?

> „Bevor man … ist es notwendig, besonders ernstlich an der vollen Lauterkeit seines moralischen Charakters zu arbeiten. Man muß jeden Gedanken daran entfernen, daß man etwa auf diese Art erlangte Erkenntnis zum persönlichen Eigennutz anwenden werde" (S. 63).

Zum einen wird hier deutlich, daß es durchaus möglich ist, die Erkenntnisse, die man auf dem Schulungsweg gewinnt, eigennützig anzuwenden. Das führt zu der Frage, ob Steiner wirklich so verantwortungsvoll, wie er sagt, gehandelt hat, als er die Geheimnisse der Einweihung der Öffentlichkeit zugänglich machte. Ist der Schulungsweg, den er beschreibt, gar nicht wirklich nachvollziehbar, dann müßte er seinen Wissenschaftsanspruch aufgeben – ist er es aber, dann läge im Erlernen des Hellsehens durch die Allgemeinheit eine unüberschaubare Gefahrenquelle. Ich möchte keinem Hellseher begegnen und mich von ihm in all meinen Regungen durchschaut wissen, wenn ich ihm nicht hundertprozentig vertrauen kann.

Zum anderen wird hier ja auch an den Wissenschaftler, der Steiners exakte Methoden anwenden und überprüfen will, der Anspruch gestellt, an der Lauterkeit seines moralischen Charakters zu arbeiten, wenn er zu den beschriebenen Ergebnissen kommen will. Wissenschaftlich nennt man aber doch gerade jene Ergebnisse der Forschung, die unabhängig von der Persönlichkeit des Forschers zustandekommen. Es wäre zwar mitunter sehr wünschenswert, wenn nur moralisch einwandfreie Charaktere überhaupt forschen dürften, aber wer will überhaupt bestimmen, was ein moralisch einwandfreier Charakter ist? Außerdem würde es die Naturwissenschaft völlig durcheinanderbringen, wenn der „schlechte" Mensch unter sonst gleichen Bedingungen andere Forschungsergebnisse erbringen würde als der „gute". Daß sich zumindest darin die Anthroposophie von anderer Wissenschaft unterscheidet, bestätigt auch ein Zitat aus der anthroposophischen Fachliteratur:

> „Nur für die Anthroposophie, für keine andere Wissenschaft, ist moralisches Verhalten ein Teil ihrer Methode." [28]

Hier noch einmal eine Zusammenfassung der höchsten Forderungen an den Geheimschüler durch Steiner selbst:

> „... muß die *vollkommene* Beherrschung des ganzen Menschen durch das Selbstbewußtsein angestrebt werden, sodaß bei ihm Leib, Seele und Geist in einer *vollkommenen* Harmonie sind. Die Verrichtungen des Leibes, die Neigungen und Leidenschaften der Seele, die Gedanken und Ideen des Geistes müssen in einen *vollkommenen* Einklang miteinander gebracht werden. Der Leib muß *so veredelt und geläutert* werden, daß seine Organe zu *nichts* drängen, was nicht im Dienste der Seele und des Geistes geschieht. Die Seele soll durch den Leib nicht zu Begierden und Leidenschaften gedrängt werden, die einem *reinen und edlen* Denken widersprechen" (S. 129f.).

Sechs Eigenschaften muß der Geheimschüler entwickeln, der im „guten Sinne" hellsehen will:

1. Gedankenkontrolle,
2. Folgerichtigkeit im Handeln,
3. Ausdauer,
4. Duldsamkeit gegenüber anderen Menschen, anderen Wesen und auch gegenüber Tatsachen,
5. Unbefangenheit gegenüber den Erscheinungen des Lebens,

6. Lebensgleichgewicht (Gleichmut).

> „Wird diese Entwicklung außer acht gelassen, dann gestaltet sich dieses Organ (das Hellseherorgan, Anm. d. V.) zu einem Zerrbilde. Und es können dadurch bei Ausbildung einer gewissen Hellsehergabe in dieser Richtung die genannten Eigenschaften sich, statt zum Guten, zum Schlechten wenden. Der Mensch kann besonders unduldsam, zaghaft, ablehnend gegen seine Umgebung werden. Er kann zum Beispiel eine Empfindung erhalten für Gesinnungen anderer Seelen und diese deswegen fliehen oder hassen. Es kann so weit kommen, daß er wegen der Seelenkälte, die ihn bei Ansichten überströmt, welche ihm widerstreben, gar nicht zuhören kann oder in abstoßender Art sich gebärdet“ (S. 124f.).

Ich kann es mir schon vorstellen, daß ein Mensch, der andere in ihren geheimen Regungen durchschauen kann, noch eher mit Zorn, Antipathie oder Widerstand auf seine Mitmenschen reagiert, als es sonst der Fall wäre. Wenn ich z.B. „hellsehen“ kann, daß mein Gegenüber gerade ganz üble Empfindungen gegen mich in seiner Seele bewegt, dann reagiere ich natürlich auch ihm gegenüber heftiger, als wenn er seine Abneigung hinter einer höflich-freundlichen Maske verbirgt. Aber nun heißt es bei Steiner dreißig Seiten *vor* dieser Warnung, daß die Anlage zu einem seelischen „Auge“, also zu dem Hellseherorgan, *unwirksam* bleibt, solange der Mensch fähig ist, sich zu ärgern.

> „Aber es (das Hellseherorgan, Anm. d. Verf.) ist auch noch nicht sogleich da, wenn man ein wenig das Ärgern bekämpft hat. Man muß vielmehr fortfahren in dieser Bekämpfung des Ärgers und in Geduld immer wieder fortfahren; dann wird man eines Tages bemerken, daß sich dieses seelische Auge entwickelt hat“ (S. 90).

Das seelische Auge, das zum Hellsehen befähigt, entfaltet sich also in dem Maße, in dem ich mich nicht mehr ärgere. Dann muß umgekehrt jeder, der tatsächlich hellsehen kann, es so weit gebracht haben, daß er sich über nichts mehr ärgert. Wie soll man dann aber den Hinweis von Steiner auf S. 125

verstehen, daß der Hellseher Gefahr läuft, besonders „unduldsam, zaghaft, ablehnend" zu werden oder sich in abstoßender Art zu gebärden? Ist es ein verkehrter Gedanke oder ein verkehrtes Gefühl von mir, daß ich Steiner hier sehr widersprüchlich finde?

2. Was dem Geheimschüler alles passieren kann, wenn er die genannten Voraussetzungen nicht erfüllt

„Alles Überspannte, Einseitige soll in seinen Urteilen und Empfinden vermieden werden. Würde diese Bedingung nicht erfüllt, so käme der Geheimschüler statt in höhere Welten in diejenige seiner eigenen Einbildungskraft" (S. 100).

„Aber gerade darauf kommt es an: in diesen schwierigen Punkten der menschlichen Entwicklung nicht Phantasie und geistige Wirklichkeiten miteinander zu verwechseln" (S. 160).

Wie dicht liegen auf dem Geheimweg „Wahrheit" und „Täuschung" nebeneinander und wie leicht kann man sich täuschen bei nicht ganz vollkommener Erfüllung der geistig-seelischen Voraussetzungen in der Persönlichkeit!

„Denn ehedem stand er wenigstens innerhalb der Sinnenwelt fest und hatte an ihr einen bestimmten Halt; jetzt aber sieht er hinter die Sinnenwelt und wird an dieser *irre,* bevor er sicher in einer höheren Welt steht. Er kann dann vielleicht überhaupt nicht mehr Wahrheit von Irrtum unterscheiden und verliert alle Richtung im Leben" (S. 124).

Wie gesagt, das kann passieren, wenn man gewisse Voraussetzungen nicht beachtet, und dabei ist es – wie wir gesehen haben – schwer, ja fast unmöglich, diese Voraussetzungen zu erfüllen. Mit anderen Worten: Das Risiko, Steiners Schulungsweg zu gehen, ist für die geistige Gesundheit ganz außerordentlich hoch. Das beweist auch folgendes Zitat:

„Für eine äußerliche Betrachtungsweise – ... – unterscheidet sich das Bild eines solchen auf Abwegen befindlichen Menschen, vor allen Dingen dem Grade nach, nicht viel von demjenigen eines Irrsinnigen oder wenigstens einer schwer ‚nervenkranken Person'. Ihm darf natürlich der Geheimschüler nicht gleichen" (S. 181/182).

Die Abwege, von denen in diesem Zitat die Rede ist, können dadurch entstehen, so sagt Steiner, daß bei einer höheren geistigen Entwicklung das Gehirn des Hellsehers auch physisch in drei Teile zerfällt (medizinisch durch nichts bestätigt und auch laut Steiner selbst durch die schärfsten sinnlichen Instrumente nicht nachweisbar). Und zwar zerfällt es in das Denk-, Fühl- und Willensgehirn. Der Geheimschüler soll nun die Verbindung zwischen Denken, Fühlen und Willen aus freier Verantwortlichkeit *selbst* herstellen. (Ich stelle mir das so vor, daß ich selbst bestimme, welches Gefühl ich welchem Gedanken zuordne. Ich kann also nicht mehr von Freude überwältigt werden, sondern entscheide selbst darüber, ob ich mich freuen will.) Die Gefahr liegt nun darin, daß sich die Funktionen Denken, Fühlen und Wollen auf eine sehr unheimliche Art selbständig machen und dem Hellseher sozusagen unkontrolliert davonlaufen. Gerät der Wille außer Kontrolle, so kann der Hellseher zu einem völlig gefühllosen und ungesteuerten, gewalttätigen Willensmenschen werden oder noch schlimmer: in seinem Verhalten einem Irrsinnigen gleichen.

Kann ein Wissenschaftler, der nur prüfen will, ob Steiners Forschungsergebnisse „exakt" sind, derartige Risiken auf sich nehmen?

Noch einige besonders eindrückliche Beispiele:

„Ist innerhalb dieser höheren Erkenntnisse *etwas* nicht in Ordnung, so lauert die Unregelmäßigkeit *unausgesetzt* und kann ihn bei *jeder* Gelegenheit aus den geordneten Bahnen herauswerfen" (S. 183).

„Es ist notwendig, daß der Mensch, der Geheimschüler wird, nichts verliere von seinen Eigenschaften als edler, guter und für alles physisch Wirkliche empfänglicher Mensch. Er muß im Gegenteil seine moralische Kraft, seine innere

Lauterkeit, seine Beobachtungsgabe während der Geheimschülerschaft fortwährend steigern." Wenn er das nicht tut, stumpft er ab. „Das Herz würde hart, der Sinn stumpf. Und das müßte zu gefährlichen Ergebnissen führen" (S. 53f.).

„Das Wichtigste während dieses Anfangszustandes ist, daß man ruhig und gelassen bleibt und *nicht einen Augenblick* in irgendwelche Unruhe und Ungeduld verfällt. Diese müßten *unter allen Umständen* nur schädlich wirken" (S. 166).

3. Über Geduld und Zeiträume, die aufgewendet werden müssen

Das letzte Zitat weist schon darauf hin, daß der Geheimschüler auf keinen Fall ungeduldig werden darf. Daß an diese Geduld Höchstanforderungen gestellt werden, bei denen selbst der Allergeduldigste schwere Anfechtungen erleiden wird, bezeugen die folgenden Sätze Steiners:

„Wer es nicht über sich bringen kann, eine Übung, die scheinbar unzähligemal mißglückt ist, immer wieder und wieder geduldig fortzusetzen, der kann nicht weit kommen" (S. 56/57).

„Viele werden ungeduldig oder zweifelnd, weil sie *jahrelang* einige Eigenschaften der Seele bekämpft haben und das Hellsehen doch nicht eintritt. Sie haben dann eben einige Eigenschaften ausgebildet und andere um so mehr überwuchern lassen" (S. 91).

„Man wird wahrscheinlich Hunderte und Aberhunderte von vergeblichen Versuchen anstellen. Man darf eben die Geduld nicht verlieren" (S. 64f.).

„Ein Dritter harrt in Geduld aus; *Jahre hindurch* hat er so geharrt, ohne eine merkliche Frucht. Plötzlich in seinem ruhigen Sitzen in der stillen Kammer wird es geistig licht um ihn, die Wände verschwinden, werden seelisch durchsichtig ..." (S. 96).

„Nach der ‚Feuerprobe' kann jeder Kandidat noch umkehren. Er wird gestärkt in physischer und seelischer Beziehung dann sein Leben fortsetzen und wohl erst in einer nächsten Verkörperung die Einweihung fortsetzen“ (S. 73).

Das letzte Zitat weist darauf hin, daß der Schulungsweg durchaus von der Art ist, daß auch von den wenigen, die überhaupt die Voraussetzungen dafür erbringen, die meisten ihn nicht in *einer* Inkarnation schaffen. Auch das wirft ein bezeichnendes Licht auf die Behauptung Steiners, seine Forschungsergebnisse seien exakt und wissenschaftlich nachprüfbar.

4. Schlußfolgerungen

Von einem Wissenschaftler, der Steiners exakte Forschungsmethode nachprüfen und vielleicht bestätigen möchte, wird also erwartet:

1. daß er an einem moralisch einwandfreien Charakter bis zur vollkommenen Läuterung arbeitet, und zwar erfolgreich;
2. daß er schwere Risiken für seine geistig-seelische und sicher auch – damit verbunden – leibliche Gesundheit auf sich nimmt;
3. daß er jahrelang in dieser Weise arbeitet und unter Umständen noch eine oder mehrere Inkarnationen dazu aufwenden muß, was praktisch sowieso nicht möglich wäre, da er in einer nächsten Inkarnation vermutlich ganz andere als wissenschaftliche Lebensaufgaben hätte.

Vera Pierott kommt in ihrem Buch deshalb zu dem Schluß:

> „... seine Anthroposophie ist die einzige ‚Wissenschaft‘, die nur ihr Begründer beherrscht. Bis heute ist kein Mensch seinen Erkenntnisweg nachgegangen. Nicht *ein* Anthroposoph hat es je von sich behauptet. Wohl werden eifrig Schritte auf diesem Weg versucht, aber über bescheidene Anfänge kam niemand hinaus.“ [29]

Diese Aussage von Frau Pierott kann sicher nicht bewiesen werden, da niemand alle Anthroposophen und ihre Erfahrungen auf diesem Gebiet kennt. Dennoch möchte ich aus *meinen*

Erfahrungen ihre Behauptung bestätigen. Unser Wasserburger „Lehrer“ arbeitete schon dreißig Jahre lang an den „Erkenntnissen“, machte also täglich seine Übungen und gab doch immer ehrlich zu, daß er bisher noch keine „Schauungen“ hatte. Auch in den führenden Dornacher Kreisen gibt es nach seinen Angaben niemanden, der Steiner aus eigener Erfahrung rechtfertigen kann. Und wenn an der „Freien Hochschule für Geisteswissenschaft“ keiner „Schauungen“ hat, wer soll sie dann haben?

5. Anthroposophie will sich nicht in Frage stellen lassen

Steiner wollte nicht, daß man ihm einfach glaubt. Er sagte:

> „Der Geistesforscher tritt seinen Schülern entgegen mit der Zumutung: Nicht glauben sollst du, was ich dir sage, sondern es denken ... Dann werden meine Gedanken schon selbst in dir bewirken, daß du sie in ihrer Wahrheit erkennst“ (Theosophie, Einführung in übersinnliche Welterkenntnis und Menschenbestimmung, S. 176).

Also, was heißt das? Doch offenbar: Steiners Gedanken sind Wahrheit. Und nun kommt es allein darauf an, ob der Schüler ihn richtig versteht, ob der Schüler richtig denkt oder nicht. Es kann also nicht Steiner sein, der falsch denkt; er kann höchstens mißverstanden werden, weil sein Schüler falsch denkt.

Steiners Reden an die, die ihn mißverstehen, hören sich dann so an:

> Zu einem Nachwort der „Erkenntnisse“:
> „Ich glaube, daß der Inhalt dieses Nachwortes auch geeignet sein könnte, manchen Gegner der anthroposophischen Geisteswissenschaft darüber aufzuklären, daß er sein Urteil nur dadurch aufrechterhalten kann, weil er sich unter dieser Geisteswissenschaft etwas anderes vorstellt als sie ist, während er, was sie ist, gar nicht ins Auge faßt“ (S. 6).

Einer, der die Geisteswissenschaft kritisiert, sieht sie eben nicht als das, was sie ist! Das heißt: Man kann die Geisteswissenschaft gar nicht kritisieren. Kritik an sich beweist schon Unverständnis.

„Wer solch eine Absicht hat (nämlich den Geheimweg zu gehen, Anm. d. Verf.), wird gut tun, sich immer wieder zu sagen, daß bei der Darstellung der Seelenentwicklung mehr notwendig ist als ein solches Bekanntwerden mit dem Inhalte, wie es bei anderen Ausführungen oftmals angestrebt wird. Ein intimes Hineinleben in die Darstellung ist notwendig ...

... *die* Voraussetzung soll man machen, daß man die e i n e Sache nicht nur durch das begreifen soll, was über sie selbst gesagt wird, sondern durch manches, was über ganz anderes mitgeteilt wird“ (S. 13).

Im Klartext heißt das doch wohl: Wenn man etwas über eine Sache liest und nicht versteht, muß man davon ausgehen, daß noch viele andere Erklärungen dazugehören. Sie findet man, wenn man sich mit ganz anderen Themen auseinandersetzt. Das läuft auf eine Binsenweisheit hinaus, aber gleichzeitig hat Steiner sich damit ein hervorragendes Hintertürchen offengelassen, um dem Vorwurf der Unverständlichkeit auszuweichen. Mißverständnisse liegen eben nicht an ihm, sondern daran, daß man anderes, was zum Verständnis notwendig dazugehört, noch nicht gelesen hat.

Bei Steiner hat leider immer der Betrachter Schuld: Er hat Vorurteile, ist befangen, hat keine gesunde Urteilskraft, sieht die Geisteswissenschaft nicht als das, was sie ist, hat sein Wahrheitsgefühl und seinen Wahrheitssinn noch nicht genügend gestärkt.

Steiners Anspruch an einen Geheimschüler, daß er erst einmal vorurteils- und kritiklos alles aufnehmen muß, was ihm der Lehrer sagt, könnte ich sogar akzeptieren. Wenn ich Neuland betrete, dann gilt, daß ich dieses Neuland am schnellsten kennenlerne, wenn ich vorurteilsfrei aufzunehmen und zu verstehen suche, was mir fremd ist. Suche ich nach dem, was ich kritisieren könnte, wird sich mir das Neue nicht erschließen. Wenn dieses Neuland eine Lehre ist, dann muß ich meine ganz persönlichen Gedanken an der Garderobe abgeben und dem Lehrer zunächst einmal ganz und gar vertrauen. Was hat das aber mit Wissenschaft zu tun? Vor allem, wenn der Stoff, den Steiner mir vorlegt, so umfangreich ist, daß ich über Inkarnationen hinweg nicht mehr zu mir selbst kommen werde?

6. Steiner verlangt persönliches Vertrauen

Die „Erkenntnisse" möchten den Weg in die übersinnliche Welt so darstellen,

> „daß auch derjenige, der ihn nicht selbst geht, Vertrauen gewinnen kann zu dem, was ein solcher sagt, der ihn gegangen ist" (S. 12).

Nach meiner Meinung spricht Steiner hier für unsere Frage, ob die Anthroposophie eine Wissenschaft ist oder eine Glaubenslehre, den springenden Punkt an. Er selbst möchte sich durch sein Buch „Wie erlangt man Erkenntnisse der höheren Welten" als vertrauenswürdig erweisen. Weshalb? Weil er darauf *angewiesen* ist, daß seine Leser ihm vertrauen; offensichtlich ist er sich darüber im klaren, daß – wenn überhaupt – nur sehr wenige Menschen dazu imstande sein könnten, seinen Weg nachzugehen. Aber was hat eine Vertrauensforderung mit einer „wissenschaftlichen Methode" zu tun?

Bei der Auseinandersetzung mit Steiner muß ich mich also entscheiden:

- Will ich Steiner als einen Menschen anerkennen, der vollkommen ist? Schließlich gibt er an, die höchste Einweihungsstufe erreicht zu haben. Und auf dieser Stufe ist der Mensch ja so vollkommen, daß er auch in einem neuen Erdenleben an sich selbst nichts mehr verbessern könnte.
- Will ich ihm glauben, daß er sich beim Erleben und „Lesen" in der übersinnlichen Welt nicht getäuscht hat? Wenn ich es nämlich für möglich halte, daß er sich auch nur ein einziges Mal täuschte, dann gestehe ich ein, daß er sich irren *konnte,* und dann muß ich auch alles andere anzweifeln, was er aus der geistigen Welt berichtet.

- Will ich also davon ausgehen, daß Steiner ein Mensch war, dem ich in jeder Hinsicht völlig vertrauen kann?
- Gestehe ich ihm zu, daß er nichts von dem, was er geschaut hat und uns als wissenschaftliche Ergebnisse aus der übersinnlichen Welt mitteilt, im üblichen wissenschaftlichen Sinne *beweisen* muß? Glaube ich ihm also ohne Beweis?
- Glaube ich ihm also auch, daß Anthroposophie eine Wissenschaft ist?

Wenn ich alle diese Fragen mit „ja“ beantworten möchte, und dafür kann es schließlich Beweggründe geben, muß ich mir klar darüber sein, daß ich Steiner damit zu meinem ganz persönlichen Gott mache. Ich muß mir darüber klar sein, daß ich in dieser vertrauensvollen und gläubigen Haltung einen Menschen zu meinem Gott mache.

7. Warum die Anthroposophie ihren Wissenschaftsanspruch nicht aufgeben kann

Leider, und das empfinde ich wirklich als tragisch, muß Steiner, müssen die Anthroposophen am Wissenschaftsanspruch festhalten. Die Inhalte der „Anthroposophie“ können nämlich für die Menschheit nur dann interessant sein, wenn man sie auch als „wissenschaftlich exakte Forschungsergebnisse“ betrachtet.

Wenn es wirklich wissenschaftlich erwiesen ist, daß es z.B. zwei Jesus-Knaben gegeben hat, so eröffnet das natürlich neue Perspektiven. Wenn aber jemand einfach so vorschlagen würde, ich solle doch jetzt einmal *glauben,* daß es nicht nur einen, sondern zwei Jesus-Knaben gegeben hat, dann käme mir dieses Ansinnen doch reichlich abwegig vor. Es würde sich heute ja auch niemand mit der Behauptung auseinandersetzen, daß es zwei kleine Johann Wolfgang von Goethe gegeben habe, wenn sie nicht wirklich wissenschaftlich untermauert wäre.

Bei allen Mitteilungen Steiners aus der geistigen Welt steht man vor dem Problem: Ist es Lüge, oder ist es die reine Wahrheit? Etwas dazwischen gibt es eigentlich nicht. Was soll man zum Beispiel mit den folgenden Aussagen machen, wenn man nicht davon ausgehen will, daß Steiner grundsätzlich richtig schaut:

„Auch göttlich-geistige Wesenheiten erleben etwas, was sie zu einer höheren Stufe führt. Das aber, was Er (der Christus, Anm. d. Verf.) erlebt hat, sein Hinaufsteigen in eine höhere Welt als die, in der er vorher war, das ließ er denen, die seine Genossen auf der Erde waren, erscheinen als seine Himmelfahrt. Daher kann auch derjenige, der durch das Instrument des physischen Gehirns als Uneingeweihter, als Nichthellsehender lebt, er kann verstehen, wenn auch nicht selber sehen, die sechs ersten Stufen der christlichen Einweihung. Die siebente Stufe aber, die Himmelfahrt, kann nur der Hellseher verstehen, der nicht mehr an das Instrument des physischen Gehirns gebunden ist, der einmal selber gesehen hat, was es heißt, ohne das Gehirn zu denken und ohne das Gehirn zu sehen." [30]

Die Inhalte, um die es in der Anthroposophie und bei Steiners Forschungsergebnissen geht, kann man nicht als bloße Vermutung oder Arbeitshypothese darstellen. Kein Mensch würde sich sonst damit auseinandersetzen. Denn wenn gerade das obige Zitat nicht im wissenschaftlichen Sinne wahr ist und dadurch neue Wissensgebiete erschließt, kann es nur himmelschreiender Unsinn sein. Dagegen würden sich Anthroposophen natürlich verwahren, also müssen sie an dem Wissenschaftsanspruch der Lehre Steiners festhalten.

Ein kleines Erlebnis mag zum Schluß noch einmal aufzeigen, auf welch wackeligen Füßen die Sache mit der Wissenschaftlichkeit steht:

Otto Fränkl-Lundborg hat im Auftrage des Goetheanums in Dornach ein kleines Buch herausgegeben mit dem Titel: „Was ist Anthroposophie?"; ein Buch, das man wohl als Fachliteratur heranziehen darf, denn wenn die Dornacher nicht die höchste Kompetenz darstellen, wer dann?

Fränkl-Lundborg beginnt das Kapitel über „Der Christus und die Menschheit" mit folgender Aussage:

„Nicht *glauben* können, das heißt auf Autorität hin annehmen, sondern *wissen,* wie man wissenschaftlich weiß, wollen Unzählige: wer war und ist der Christus?“ [31]

Es folgt die Beantwortung der Frage durch die Berichte Steiners aus der geistigen Welt. Das Kapitel endet mit der zufriedenen Feststellung:

„So kann man aus den Ergebnissen der Geistesforschung Rudolf Steiners wissenschaftsgemäß wissen, wer der Christus war und ist.“ [32]

Nun durfte ich kürzlich den Brief eines Vorsitzenden der Deutschen Anthroposophischen Gesellschaft (also auch eines Fachmanns für Anthroposophie!) lesen. In ihm schreibt er nach einer ärgerlichen Auseinandersetzung mit seiner Briefpartnerin über den „einfachen Glaubensweg“: *„Was wissen wir denn überhaupt heute über den Christus?“*

Hätte er nicht schreiben müssen: „Was *glaubt* ihr denn eigentlich heute noch, ihr Christen? Wir, die Anthroposophen, besitzen doch die wissenschaftlich abgesicherten Ergebnisse darüber, wer der Christus war und ist“? Nein, das schreibt er nicht. Vielmehr gibt er zu, daß auch sie, die Anthroposophen, eigentlich nichts wissen.

Ich möchte damit die Frage, ob Anthroposophie eine Wissenschaft ist, als beantwortet betrachten. Ich bin zu dem Ergebnis gekommen, daß es sich nicht um eine Wissenschaft handeln kann, sondern daß die Anthroposophie eine Glaubenslehre ist und die Anthroposophen, wollen sie ihr folgen, an Rudolf Steiner im wahrsten Sinne des Wortes „glauben“ müssen. Es soll nun noch die Frage behandelt werden, ob die Anthroposophie, wenn schon keine Wissenschaft, so doch eine christliche Glaubenslehre ist.

II. Ist Anthroposophie eine christliche Glaubenslehre?

Je länger ich mich mit den „Erkenntnissen" von Steiner herumschlage, um so mehr erwecken sie den für mich sehr bedrückenden Eindruck, daß Steiner eigentlich nichts anderes tut, als den „Sündenfall" noch einmal als die „fortschrittliche Tat der Menschheit" zu bestätigen und zu wiederholen.

Was sagte die Schlange zu Eva?

> „Mitnichten werdet ihr sterben, sondern Gott weiß, daß, sobald ihr davon esset, euch die Augen aufgehen werden und ihr wie Gott sein und wissen werdet, was gut und böse ist", 1. Mose 3,4.

Und was sagt Steiner?

> „Die erhabenste Gottesidee bleibt doch immer die, welche annimmt, daß Gott sich nach der Schöpfung des Menschen ganz von der Welt zurückgezogen und den letzteren ganz sich selbst überlassen habe". [33]

Er sagt, daß der Mensch Gott nicht mehr braucht, weil er selbst wie Gott ist oder jedenfalls wie Gott werden kann. Damit gibt er nun leider der Schlange recht. Er würde dies natürlich nicht auf sich sitzen lassen und antworten, daß wir die hinter diesen Bildern vom Paradies stehenden geistigen Vorgänge nicht richtig durchschauen. Aber selbst wenn wir den Sündenfall als ein Bild verstehen: Gott und der Teufel vertreten ganz eindeutige Gegenpositionen, und es ist nicht erkennbar, wie diese sich durch eine neue Geistigkeit einfach aufheben lassen könnten.

Nach der Bibel war es ein Betrug, als die Schlange sagte: „Ihr werdet wie Gott sein." Steiner hat das aber für bare Münze genommen und tritt nun mit seinem Geheimpfad ungehemmt in die Welten ein, die zu betreten den Menschen in der Bibel von Gott verboten wird. [34]

Was verboten wird, muß möglich sein. Es ist also durchaus möglich, hinter den Vorhang zu schauen, Einsichten in unsichtbare Welten zu erhalten. Da aber Gott es verbietet, kann es nur der Teufel sein, der dem Menschen den Blick hinter den Vorhang verschafft.

Steiner ist ein großer Verehrer von Goethe, und der „Faust“ wird in Dornach regelmäßig aufgeführt. Faust ist verzweifelt darüber, daß wir als Menschen studieren und studieren, um endlich an den Punkt zu kommen, da wir wissen, daß wir eben nichts wissen. Statt sich zu bescheiden, will Faust diese Schranke durchbrechen und nun auch hinter den Vorhang der sinnlichen Erscheinungen sehen. Um das zu erreichen, muß er sich dem Teufel verschreiben.

Ich denke, das ist durchaus biblisch. Ich *kann* in die übersinnliche Welt eindringen, aber der Preis ist hoch. Steiner *selbst* weist darauf hin, daß der Geheimschüler, der diese Welten betritt, es mit dämonischen Mächten zu tun bekommt, denen er eben nur unter den angeführten und kaum erfüllbaren Voraussetzungen gewachsen ist:

„... deshalb wird in den Schriften, die von solchen Dingen handeln, viel von den Gefahren gesprochen, welche mit dem Aufstieg in die höheren Welten verbunden sind. Die Schilderungen, die da zuweilen von solchen Gefahren gemacht werden, sind wohl geeignet, ängstliche Gemüter nur mit Schaudern auf dieses höhere Leben blicken zu lassen“ (S. 174).

„Der Mensch lernt grausige, das Leben an allen Ecken und Enden bedrohende Gewalten kennen“ (S. 174).

„Denn, wenn die physischen Sinne uns auch die höhere Wahrheit nicht schauen lassen, so sind sie eben dadurch auch des Menschen Wohltäter. Durch sie verbergen sich für ihn Dinge, welche ihn, unvorbereitet, in maßlose Bestürzung versetzen müßten, deren Anblick er nicht ertragen könnte“ (S. 68).

„Ein allerdings schreckliches, gespenstisches Wesen steht vor dem Schüler“ (S. 184).

Und noch einmal das Zitat, das mir am meisten zu denken gibt, wenn ich mich frage, ob Steiner nicht seine Nachfolger im wahrsten Sinne des Wortes in die Irre führt:

„Für eine äußerliche Betrachtungsweise ... unterscheidet

sich das Bild eines solchen auf Abwegen befindlichen Menschen, vor allen Dingen dem Grade nach, nicht viel von demjenigen eines Irrsinnigen oder wenigstens einer schwer ‚nervenkranken' Person" (S. 181).

Wenn Gott ein Verbot ausspricht, dann hat in biblischer Sicht die Mißachtung dieses Gebotes nachteilige Folgen für den Menschen. Und tatsächlich drängt sich einem bei den Schilderungen Steiners der Eindruck auf, daß es sich um eine für den Menschen höchst gefährliche Sache handelt, in diese übersinnlichen Welten einzudringen.

Und noch ein anderer Gesichtspunkt: Wenn der Gott der Bibel ein Verbot ausspricht, dann kann die Mißachtung seines Verbotes eigentlich nicht dazu führen, daß man trotzdem zu einem vollkommenen Wesen wird, „gottgleich". Das aber ist laut Steiner Ziel und auch Ergebnis des Einweihungsweges. Hier liegt ein Widerspruch vor, den Steiner aber, wie ich es zu meinem Erstaunen feststellen mußte, auflöst und dadurch seine Schüler in noch größere Verwirrung stürzt.

In den „Erkenntnissen" heißt es ja immer wieder, daß man seinen Charakter vervollkommnen und veredeln muß. Zunächst hat der Leser dabei den Eindruck, daß man ohne diese Veredelung und Vervollkommnung gar nicht auf der obersten Stufe des Geheimweges ankommen kann, sondern im Reich der Täuschung landet. Nun steht man „oben", hat sich selbst erlöst, sich so weit vervollkommnet, daß man durch ein weiteres Erdenleben an sich selbst nichts mehr verbessern könnte. Aber jetzt erfährt der Leser, daß der Vollkommene vor einer Entscheidung steht: Er kann nun den Weg der „weißen" oder der „schwarzen Magie" begehen. Der „schwarze Weg" ist der zur eigenen Glückseligkeit, unabhängig und unbekümmert davon, daß andere Menschen noch unerlöst sind. Der „weiße Weg" bedeutet, daß der Erlöste nun alle Fähigkeiten und Kräfte, die er sich erworben hat, für die anderen einsetzt, indem er also z.B. noch einmal auf die Erde hinabsteigt, obwohl er es für sich selbst nicht mehr nötig hätte:

Aber:

„Man kann nun nicht sagen, es sei selbstverständlich, daß

der Mensch den weißen Pfad wählen werde, wenn er so vor die Entscheidung gestellt wird. Das hängt nämlich ganz davon ab, ob er bei dieser Entscheidung schon so geläutert ist, daß keinerlei Selbstsucht ihm die Lockungen der Seligkeit begehrenswert erscheinen läßt" (S. 204).

Es geht weiter, und man beachte die „klaren und scharfen Gedanken" Steiners:

„Denn diese Lockungen sind die denkbar größten. Und auf der anderen Seite sind *eigentlich* gar keine besonderen Lockungen vorhanden" (S. 204).

Man erfährt hier also, daß der Geheimschüler zwar immer vollkommener und vollkommener geworden ist, aber seinen Egoismus unter Umständen überhaupt noch nicht abgelegt hat, obwohl dies an einer früheren Stelle als notwendige Voraussetzung eindringlich gefordert wurde, damit es „weitergehen" kann. Jetzt ist es offensichtlich doch „dem Egoistischsten" möglich gewesen, oben anzukommen. Muß man nun nicht denken, daß der Weg in die übersinnliche Welt doch nicht unbedingt mit einer Läuterung des Charakters einhergehen muß?

„... denn auch der Egoistischste kann sich läutern" (S. 205).

Gibt es auf der *obersten* Stufe des Einweihungsweges überhaupt noch einen Menschen, den man als den „Egoistischsten" bezeichnen kann? Oder heißt das: Die Verbesserung des Menschen durch den Geheimweg ist höchstens eine erfreuliche Begleiterscheinung, aber weder Voraussetzung noch notwendige Folge?

Der Egoismus ist wohl die zentrale Quelle sogenannter „böser Taten", und ich kann nicht meinen Charakter läutern, ohne damit auch meinen Egoismus zu besiegen. Wenn ein Mensch also seinen Egoismus nicht ganz überwunden hat, dann hat er auch seinen Charakter nicht vollkommen geläutert, und dann müßte er auch für sich selbst noch einmal auf die Erde zurückkehren ...

Ich meine, Steiner hat recht, wenn er sagt: Auch wenn wir Inkarnationen dazu gebraucht haben, um uns auf den Stufen der Einweihungsleiter bis nach oben hochzuarbeiten, dann sind wir im Grunde noch genauso zu jeder Sünde fähig wie bisher: Wir sind noch fähig, uns für die „schwarze Magie“ zu entscheiden. Bestätigt das nicht Jesu Wort: „Ohne mich könnt ihr nichts tun“?

Und wenn ihr es trotzdem versucht, so könnte man hinzusetzen, dann landet ihr in der Irre, dann werden alle eure Anstrengungen, Gott gleich zu werden, vergeblich sein und euch mit leeren Händen zurücklassen.

Ich denke, daß die Theosophen, von denen Steiner wohl sehr viel über den Geheimweg, den er an uns weitergibt, gelernt hat, recht hatten, ihn als „Verräter ihrer Geheimnisse“ zu verurteilen. Wie kann Steiner es z.B. verantworten, jedem Menschen die Hellseherei beibringen zu wollen? Denn selbstverständlich wird ein egoistischer Mensch, der sich die Fähigkeit des Hellsehens erworben hat, diese für seine egoistischen Zwecke einsetzen. Welche Möglichkeiten werden da eröffnet, sich anderer Menschen geistig zu bemächtigen, indem man ihre Stimmungen, Gefühle und Gedanken „sehen“, durchschauen kann? Wenn ich, die Egoistische, nichts mehr verbergen kann vor ihm, dem Egoistischen?

Können hier nicht die Gründe dafür liegen, daß Gott nicht will, daß wir uns auf diese Gebiete begeben? Entweder werden wir verrückt, oder wir erwerben uns Fähigkeiten, mit denen wir uns anderer Menschen bemächtigen können. Ich glaube, Gott hat uns genügend Fähigkeiten gegeben; wir können unsere Sinne und Empfindungen schulen, feinfühlig und feinsinnig werden, *ohne* in die übersinnlichen Welten eintreten zu müssen. Wird es nicht ganz in unserem eigenen Interesse sein, wenn Gott geboten hat: „Bis hierher und nicht weiter!“ (Hiob 38,11)?

Bei der weiteren Auseinandersetzung stellte ich dann verblüfft und erschrocken fest, daß Steiner eigentlich alles, was die Bibel für sich, für Jesus Christus oder für Gott beansprucht, auf Menschen überträgt, nämlich auf die sogenannten „Eingeweihten“, diejenigen, die den Geheimpfad erwandert haben:

1. Ihr sollt keine Götter haben neben mir

Den Zehn Geboten und der Bergpredigt steht bei Steiner die Behauptung gegenüber, daß die „Begründer der bedeutungsvollen Weltanschauungen“ den Menschen die sittlichen Vorschriften gegeben haben.

> „Man sieht hieraus, daß die Vorschriften, welche von der Geisteswissenschaft ausgehen, tief in die innerste Menschennatur hinein bestimmend wirken ... Nicht aus einem dunklen Gefühl heraus haben die Begründer solcher Weltanschauungen solche Vorschriften den Menschen gegeben. Sie haben das vielmehr aus dem Grunde getan, weil sie große Eingeweihte waren. Aus der Erkenntnis heraus haben sie ihre sittlichen Vorschriften geformt“ (S. 141).

Man beachte, daß die großen Eingeweihten die sittlichen Vorschriften nicht etwa durch eine göttliche Offenbarung empfingen, ähnlich wie Mose, sondern daß sie selbst die Vorschriften geformt haben.

> „Das, was von ihnen kommt, fließt in die Menschenseelen hinein. Und dadurch kommt mit der Menschheit die ganze Welt vorwärts. Ganz bewußt haben die Eingeweihten an diesem Entwickelungsprozeß der Menschheit gearbeitet ... – Große Erkenner waren die Eingeweihten, und aus ihrer Erkenntnis heraus haben sie die Ideale der Menschheit geprägt. Der Mensch aber kommt diesen Führern nahe, wenn er sich in seiner eigenen Entwickelung zu ihren Höhen erhebt“ (S. 142).

Wenn man bedenkt, daß sich Rudolf Steiner mit seiner Anthroposophie ganz unmißverständlich zu den großen Eingeweihten und Begründern der bedeutungsvollen Weltanschauungen rechnen muß, mag einem bei einem solchen Anspruch schon schwindelig werden.

Nicht, was von Gott kommt, fließt bei Steiner in die Menschenseelen hinein, sondern das, was von den Eingeweihten kommt. *Sie* arbeiten ganz bewußt an der Entwicklung der Menschheit, nicht im Auftrage Gottes oder einer höheren Instanz, sondern weil *sie* große Erkenner waren. In der Bibel heißt es, daß wir uns am Vorbild Jesu orientieren sollen:

> „Denn ein Vorbild habe ich euch gegeben, damit auch ihr tut, wie ich euch getan habe", Johannes 13,15.

Steiner sagt dagegen, wir sollen den „Führern" nahekommen.

2. Am Anfang war das Wort

> „Denn das Wort Gottes ist lebendig und wirksam und schärfer als jedes zweischneidige Schwert und hindurchdringend bis zur Scheidung von Gelenken ...", Hebräer 4,12.

Das Wort Gottes, so lehrt also die Bibel, ist *lebendig;* in ihm ist Leben und Kraft. Und dieses lebendige und kräftige Wort ist bei *Gott,* nicht – wie Steiner im folgenden behauptet – bei den großen Eingeweihten:

> „Zu all dem Gesagten muß vielmehr eifriges Studium dessen treten, was die Geheimforscher der Welt mitteilen. Bei aller Geheimschulung gehört solches Studium zur Vorbereitung. Und wer alle sonstigen Mittel (z.B. die Bibel, Anm. d. Verf.) anwenden wollte, er käme zu keinem Ziele, wenn er nicht die Lehren der Geheimforscher in sich aufnähme. Denn weil diese Lehren aus dem *lebendigen* ‚inneren Worte', aus der ‚lebendigen Einsprechung' geschöpft sind, haben sie selbst geistiges Leben" (S. 50).

Es sei darauf hingewiesen: Es ist nicht die Einsprechung durch Gott gemeint, sondern Einsprechungen,

> „... welche ihnen zugeflossen sind vom innersten Wesen der Dinge" (S. 138).

Die Worte der Eingeweihten

> „sind nicht bloß Worte. Sie sind *lebendige Kräfte.* Und während du den Worten eines Geheimkundigen folgst, während du ein Buch liest, das einer wirklichen inneren Erfahrung entstammt, wirken in deiner Seele Kräfte, welche dich ebenso hellsehend machen, wie die Naturkräfte aus leben-

digem Stoffe deine Augen und Ohren gebildet haben" (S. 50).

In diesem letzten Satz liegt z.B. die Erklärung dafür, daß in anthroposophischen Lesekreisen auch solche Vorträge von Steiner gelesen werden, bei denen die Beteiligten sich darüber im klaren sind, daß sie den Text nicht richtig verstehen können. Aber man hat ja das Versprechen Steiners, daß allein schon durch das Lesen seiner Gedanken geistige Organe gebildet werden. Wenn das nicht treuen Glauben erfordert!

Die zitierten Texte machen unmißverständlich klar, daß die Worte der Eingeweihten *lebendige* Kräfte sind, also Kraft und Leben ausströmen. Biblisch ist aber, daß Gottes Wort allein Kraft hat und daß nur *in Jesus* Leben ist. Steiner dreht auch das noch um: Nur in den Lehren der Geheimkundigen ist das Leben. Wer sie nicht liest, kommt in der Erkenntnis der Wahrheit nicht vorwärts.

3. Der Weg der Erlösung

In der Frage nach der Erlösung des Menschen liegt eines der entscheidenden Merkmale dafür, daß der biblische und der anthroposophische Weg sich gegenseitig ausschließen. Nach Rudolf Steiner muß sich der Mensch selbst erlösen, es geht alles nur aus eigener menschlicher Kraft.

Jesus sagt:

„Ohne mich könnt ihr nichts tun" (Joh. 15,5).

Steiner sagt:

„Wer höhere Erkenntnis sucht, muß sie in sich erzeugen" (S. 21).

„Und jeder kann diesen höheren Menschen nur *selbst* in sich erwecken" (S. 31).

„Aus den Tiefen meiner *eigenen* Seele muß die Wahrheit hervorquellen" (S. 63).

„Er muß ganz allein aus sich seinen Weg finden. Dinge oder Personen, die ihn zu etwas bewegen, sind nicht da. Nichts

> und niemand kann ihm jetzt die Kraft geben, die er braucht, als nur er selbst“ (S. 81).

Der biblische Weg führt in die genau entgegengesetzte Richtung. Bei Steiner müht sich der Mensch ab, eine Leiter von der Erde bis zum Himmel zu erklimmen, ganz so, wie es die Turmbauer zu Babel machen wollten. Der Christ weiß sich dagegen völlig abhängig von der Hilfe Gottes und ganz unfähig, aus eigener Kraft ein besserer Mensch zu werden. Die Bibel sagt, daß *nur* Gott einen anderen Menschen aus uns machen kann:

> „Und ich werde ihnen ein anderes Herz geben und einen neuen Geist in ihr Inneres legen ...“, Hesekiel 11,19.

4. Der Mensch als Schöpfer von Leben

Steiner schreckt nicht vor der Behauptung zurück, der Mensch könne Schöpfer einer lebendigen Wesenheit werden. Diese Wesenheiten, die der Mensch angeblich zu schaffen fähig ist, sind zwar geistige, also materiell unsichtbare Wesen, aber immerhin: Sie sind lebendig.

Und zwar sagt der „Kleine Hüter der Schwelle“ zum Geheimschüler:

> „Früher lebte ich von deinem eigenen Leben; aber jetzt bin ich durch *dich* zu einem *eigenen Dasein* erwacht ... Du konntest mich schaffen, aber du hast damit auch zugleich die Pflicht übernommen, mich umzuschaffen“ (S. 188).
>
> „Schon das ist ein Erlebnis von tief bedeutungsvoller Art, daß man zum ersten Male fühlt, man habe einem geistigen Wesen selbst den Ursprung gegeben“ (S. 189).

5. Der Eingeweihte als Überwinder des Todes

In biblischer Sicht ist allein Jesus Christus der Überwinder des Todes, der einzige, der den Tod besiegt hat. Nun sagt Steiner zwar nicht, daß der Eingeweihte nach seinem Tod den Menschen als Auferstandener wiedererscheint, aber immerhin heißt es:

Der Tod des Geheimschülers ist

„sozusagen eine erhebliche Tatsache nur für die anderen, welche mit ihm leben ... Für sie ‚stirbt' der Geheimschüler. Für ihn ändert sich nichts von Bedeutung in seiner ganzen Umgebung. Die ganze übersinnliche Welt, in die er eingetreten ist, stand vor dem Tode schon in entsprechender Art vor ihm, und dieselbe Welt wird auch nach dem Tode vor ihm stehen" (S. 190).

Für den Geheimschüler hat der Tod also keine große Bedeutung. Er *stirbt* nur für die anderen, für sich selbst ändert sich kaum etwas. Er hat offenbar den Tod überwunden und besiegt, eine Aussage, die in der Bibel nur im Zusammenhang mit Jesus Christus gemacht wird.

Auf Seite 188 setzt Steiner das Reich des Todes und das Reich des ewigen Lebens gleich. Und zwar läßt er den „Kleinen Hüter der Schwelle" sagen:

„... und wirst fortan, indem du äußerlich sichtbar auf Erden wandelst, zugleich im Reiche des Todes, das ist aber im Reiche des ewigen Lebens, wandeln. Ich bin wirklich auch der Todesengel; aber ich, ich bin zugleich der Bringer eines nie versiegenden höheren Lebens" (S. 188).

Liegt hier nicht vielleicht ein folgenschwerer Irrtum Steiners? Der Tod ist in der Bibel eine Folge der Sünde und ein Feind des Menschen. Wenn Steiner das Reich des Todes mit dem des ewigen Lebens gleichsetzt, dann kann er auf keinen Fall das ewige Leben meinen, das Jesus uns gebracht hat.

Es erhebt sich die schwerwiegende Frage, ob es nicht in Wirklichkeit, wie die Bibel mahnt, das Reich des ewigen Todes ist, das man mit Steiners Geheimschulungsweg betritt und erlebt – nicht die *göttliche* Welt, sondern die *dämonische.*

Diese Vermutung wird dadurch bestärkt, daß Steiner zusammen mit seiner Frau einige Jahre lang die Zeitschrift „LUZIFER" herausgegeben hat. „Luzifer" ist aber der Name des gefallenen Engels, des Bösen, der sich auch heute noch in einen „Engel des Lichts" verkleidet (2. Korinther 11,14).

Im Zusammenhang mit der Herausgabe der Zeitschrift „LUZIFER" sagt Steiner:

> „Kinder des Luzifer sind alle, die nach Erkenntnis und Weisheit streben." [35]

Luzifer aber ist – wie gesagt – der *gefallene* Engel Gottes. Steiner selbst hat eine seiner beiden Widersachermächte Luzifer genannt. Alle, die Steiner folgen, sind also nach seinen eigenen Worten Kinder des gefallenen Engels.

Ergebnis: Die Anthroposophie ist eine unbiblische Glaubenslehre

Ich habe versucht, die wesentlichen Gegensätze zwischen der biblischen Lehre und dem Steinerschen Erkenntnisweg herauszuarbeiten. Ich hoffe, daß die aufgezeigten Widersprüche deutlich machen, warum ich die Anthroposophie nicht mehr wie früher als eine Erneuerung, Vertiefung oder Vergeistigung des christlichen Glaubens annehmen kann.

III. Persönliche Konsequenzen

Das Ergebnis meiner Auseinandersetzung mit der Anthroposophie aus christlicher Sicht empfinde ich als sehr bedrükkend. Ich mußte einsehen, daß Steiner wirklich *gefährliche* Wege beschritten hat und nun andere Menschen dazu veranlaßt, ihm auf diesen Wegen zu folgen. Dabei hat er durch sein Lebenswerk eigentlich genau das erreicht, was er unbedingt überwinden wollte: Nicht glauben sollte man ihm, sondern *prüfen.* In der Praxis zeigt sich aber, daß man ihm, dem Menschen Rudolf Steiner, bedingungslos glauben muß. Der Glaube an den allmächtigen Schöpfergott, an den Sohn Gottes, an den Heiligen Geist, ist in der Anthroposophie abgelöst worden vom Glauben an große Eingeweihte, einschließlich Steiner selbst. Wie gefährlich aber bedingungsloser Glaube an Menschen ist, habe ich selbst mehrmals an einer ernsthaften Bedrohung meiner geistig-seelischen Gesundheit erfahren müssen. Bedingungsloser Glaube an einen Menschen führt unweigerlich *in die Irre.* Dies scheint mir eine Gesetzmäßigkeit zu sein und für alle zu gelten, die sich auf Erden für halbe oder vollkommene Götter halten.

Ich denke, daß Gott uns das Gebot, „keine anderen Götter zu haben" (2. Mose 20,3), auch gegeben hat, um uns vor uns selbst zu schützen und zu verhindern, daß fehlbare Menschen sich unserer Seele und unseres Geistes bemächtigen. Als eines der größten Geschenke des Glaubens erlebe ich meine zunehmende Befreiung von Menschenfurcht und der Abhängigkeit von Meinungen. Je mehr ich lerne, Gott zu fürchten, desto weniger fürchte ich Menschen.

Das Neue Testament weist immer wieder darauf hin, daß wir weder durch gute Taten noch durch geistige Höchstleistungen von unserer Schuld freigesprochen werden, sondern allein durch den Glauben an Jesus Christus. Nur wer in diesem Sinne *glaubt,* kann die Wahrheit erkennen, indem sie ihm durch den Geist Gottes offenbart wird. Nur durch den Glauben an Jesus Christus finden wir Zugang zu Gott; einen Zugang, der sich dem Wissenwollen im Sinne naturwissenschaftlicher Beweise nicht erschließt.

Seltsamerweise wird in diesem Zusammenhang der Glaube immer als „der einfache Weg" von den Anthroposophen belächelt. „Wollen Sie denn zurück zum einfachen Leben?" schrieb ein anthroposophischer Vorsitzender an meine Mutter, die sich zu Jesus Christus bekehrt und von den Anthroposophen getrennt hatte. Nach der Bibel ist der „Weg des Glaubens" der schwere, der Weg durch die „enge Pforte". Der Glaubende erfährt auch, was damit gemeint ist: Er darf nicht den Beifall und die Anerkennung der Welt erwarten, auf den der Wissenschaftler, also auch der Anthroposoph, angewiesen ist.

In der „Bergpredigt" sagt Jesus, daß der Weg durch die

enge Pforte ins *Leben* führt. Auch Steiner behauptet von seiner Lehre, daß sie ins Leben führt. „Leben", das hat für mich auch etwas mit Empfinden von Wärme zu tun. In der Auseinandersetzung mit Steiners Erkenntnisweg und auch mit seiner Inkarnationslehre ist mir eher kalt geworden. Das Karmagesetz, dieses unabänderliche „Jede böse Tat mußt du selbst wiedergutmachen" und „Jede böse Tat tritt dir unweigerlich in diesem oder einem nächsten Leben wieder entgegen", hat etwas Grausames, aus dem es kein Entrinnen zu geben scheint. Angesichts der Tatsache, daß ich nicht in der Lage bin, auch nur *eine* Steinersche Übung wirklich durchzuführen, muß ich ja davon ausgehen, daß ich wohl noch unendlich viele Inkarnationen vor mir habe. So viele, daß es für die Sinnfindung meines gegenwärtigen Lebens keine Rolle spielen kann, ob ich mich eines fernen Tages möglicherweise doch noch selbst erlöst haben werde – vielleicht, wenn das menschliche Leben sich auf dem Jupiter abspielen wird, wie Steiner es ankündigt. Auf jeden Fall bin ich als Durchschnittsmensch diesem Karmagesetz unendlich lange ausgeliefert, und die Tatsache, daß dieser Prozeß so unendlich lange dauert, beantwortet noch nicht die Frage, woher ich die Kraft nehmen soll, ihn durchzustehen.

Die Anthroposophie gibt uns

> „die Möglichkeit, aus der Welt von Wirkungen, die uns umgibt, zu der Welt der Ursachen dieser Wirkungen aufzusteigen"[36],

so heißt es bedeutungsvoll bei Fränkl-Lundborg, einem führenden Anthroposophen. „Die Welt der Wirkungen" – so verstehe ich es – ist die materielle, sichtbare Welt. „Die Welt der Ursachen" ist die geistige Welt. In ihr liegen die Erklärungen aller materiellen Ereignisse. Ich frage mich nun: Steckt die Antwort auf die Frage nach dem Sinn und dem Wert meines Lebens wirklich darin, daß ich die „Ursachen der Wirkungen" erkenne? Und warum soll eigentlich die Welt der Ursachen unbedingt die *höhere* sein, zu der ich „aufsteige"?

Während meines Psychologiestudiums hatte ich eine gewisse Übung darin, die Probleme der Menschen, die sich mir anvertrauten, auf ihre Ursachen hin zu klären (die Welt der Ursachen offenbart sich ja teilweise auch ohne Wahrnehmung der übersinnlichen Welt). – Diese wurden natürlich in der Kindheit, Jugendzeit, im Charakter der Eltern, im gesellschaftlichen Umfeld gesucht. Ich erinnere mich noch genau an ein Gespräch mit einem Freund, bei dem schließlich die Ursachen seiner Probleme so eindeutig vor uns zu liegen schienen, daß ich dachte: „Es konnte gar nicht anders laufen! Wer solche Erfahrungen gemacht hat, muß später zwangsläufig diese Probleme haben." Und zum ersten Mal bei solch einem psychologischen Gespräch erfaßte mich plötzlich ein Gefühl trostloser Langeweile: Ja, ich konnte die Probleme meiner Mitmenschen fabelhaft analysieren, bis ich ganz genau wußte, woher alles kommt. Aber es war mir, als wäre bei unserem „Aufstieg" von der „Welt der Wirkungen" in die „Welt der Ursachen" alles Leben aus diesem Menschenschicksal herausgeflossen.

Es kann ein subjektives Erlebnis gewesen sein, aber mir dämmerte es damals, daß die Kenntnis von Ursachen bestimmter Lebensprobleme und Lebenskrisen nur bis zu einem gewissen Grad weiterhelfen kann. Die viel wichtigere Frage: „Wozu das alles? Welchen Sinn soll ich meinem Tun und Leiden zuschreiben?" wird dadurch nicht beantwortet. Und kann es nicht sogar sein, daß mein intensives Fragen nach den Ursachen meines Leids mich vom hilfreichen Weg wegführt? Ist es nicht oft sinnvoller, sich darauf zu konzentrieren, wie ich diesem Leiden einen positiven Sinn abgewinnen kann, also nicht nach der Ursache, sondern nach dem Sinn zu fragen?

Angenommen, Steiners Reinkarnationslehre entspräche den Tatsachen (daß ich nicht mehr daran glaube, ist ja deutlich geworden). Angenommen, ich könnte wirklich von einer der oberen geistigen Entwicklungsstufen auf meine letzten Inkarnationen zurückblicken und erkennen, daß ich heute deshalb Diener bin, weil ich früher Herr war: Was wäre damit gewonnen?

Gut, ich würde eine Unmenge weiterer Ursachen von Wirkungen in meinem Leben erkennen. Manches meiner Probleme würde sich z.B. nicht nur aus dem falschen Verhalten meiner Eltern erklären, sondern auch aus eigenem Fehlverhalten in meiner letzten Inkarnation. Ich wüßte eine Unmenge Einzelheiten aus meiner Lebensgeschichte; statt tausend Erinnerungen hätte ich vielleicht weitere fünftausend dazugewonnen. Manche wären sicher interessant, vielleicht sogar schmeichelhaft für mich. Aber würde ich dadurch wirklich die Kraft gewinnen, die ich brauche, um mein heutiges Leben anzupacken und mit Sinn füllen zu können? Und darum geht es doch schließlich; dies ist doch das Ziel jeder Ideologie, Religion oder Weltanschauung!

Wenn ich in meinem gegenwärtigen Leben keinen Sinn sehen kann, dann beantwortet sich die Frage danach nicht dadurch, daß ich es vorwärts und rückwärts in unendliche Zeiträume verlängere. Damit verlängere ich doch nur die Sinnlosigkeit. Und umgekehrt: Wenn ich in meinem gegenwärtigen Leben einen Sinn finde, dann wird er nicht dadurch vertieft, daß ich ihn auf viele Leben „verteilen" darf.

Ich denke, Steiners Lehre bringt nicht – wie er vorgibt – das Leben, sondern erweitert höchstens unsere Informationsmöglichkeiten in die Welt der geistigen Wesen hinein – abgesehen von der Frage, ob sie das überhaupt leisten kann. Deshalb empfinde ich die Anthroposophie in gewisser Weise doch als materialistisch; sie will ja ganz bewußt die geistige Welt mit den Mitteln erschließen, mit denen die Naturwissenschaften sich die sinnliche Welt erschlossen haben. Darin liegt dann genausowenig das Leben wie in allen anderen Informationsquellen, die der Materialismus geschaffen hat. Vom biblischen Standpunkt aus kann es auch gar nicht anders sein. Das Leben liegt nicht im Wissen, sondern in der Person Jesus Christus.

Die geistige Welt Steiners ist aber zutiefst unpersönlich. Der Mensch ist, wie er sagt, „ein Atemzug des Kosmos". Er hat Anteil am Geistig-Göttlichen, so wie ein Wassertropfen Anteil hat am großen Meer, zu dem er gehört.

Entsprechend ist der Geheimpfad auch ein Weg der Entpersönlichung. Er hat ja das Ziel, mich schließlich, wenn meiner Vollkommenheit nichts mehr hinzuzufügen ist, mit jener „hehren Lichtgestalt" zu vereinigen, von der nur gesagt wird, sie sei der „Große Hüter der Schwelle". Was aber bedeutet „Vereinigung"? Ich kann es nur so verstehen, daß ich meine Individualität als Christiane Gratenau nach dem Tode verliere. Und ist es nicht das, was dem Menschen Todesangst macht: daß einmal nichts mehr von ihm ist?

Die Botschaft Jesu lautet: Wer an ihn glaubt – das heißt seine ganze Hoffnung auf ihn setzt –, wird ewig leben. Der Name und damit die Individualität des Menschen spielt dabei eine wichtige Rolle:

> „Ich habe dich bei deinem Namen gerufen, du bist mein!" Jesaja 43,1.
>
> „... und er ruft seine Schafe beim Namen und führt sie hinaus", Johannes 10,3.
>
> „Wer überwindet, der ... und ich will seinen Namen nicht auslöschen aus dem Buch des Lebens und will seinen Namen bekennen vor meinem Vater und vor seinen Engeln", Offenbarung 3,5.

Im Gegensatz dazu kann Steiner dem Namen einer Person keine besondere Bedeutung beimessen. Von Inkarnation zu Inkarnation schlüpft ja dasselbe ICH in einen anderen physischen Leib und wird damit Träger eines neuen Namens. Wenn ich in dieser Inkarnation Christiane Gratenau heiße, so ist der Name der nächsten vielleicht John Smith, und in der vorigen hieß ich etwa Chung Cheng.

Ist es wirklich ein erstrebenswerter Gedanke, daß in mir zwar ein unsterbliches ICH wohnt, dies aber zu vielen physischen „Körpern" und zu verschiedenen Namen gehört. Letztlich muß ich mir vorstellen, ein namenloses ICH zu sein, und dabei habe *ich* persönlich das Gefühl, eigentlich nichts zu sein.

Wenn es so etwas wie eine ewige Wahrheit gibt – das war für mich immer klar –, dann muß sie für *jeden* Menschen Gültigkeit haben, unabhängig von Herkunft, Alter, Rasse, Geschlecht, finanzieller Situation usw., und auch für jede Notsituation gleich brauchbar sein. Dann kann sie nicht in eine amerikanische und eine russische und eine besondere für die Dritte Welt aufgeteilt werden, dann gilt sie ganz und für alle Menschen gleichermaßen. Und das vermag die Anthroposophie nicht zu bieten, weil sie – wenn überhaupt – nur von Auserwählten verstanden werden kann!

Steiner meint nun, man könne Kraft aus dem Wissen schöpfen, daß man um eines großen geistigen Weltzusammenhanges willen leidet und arbeitet und daß man sein persönliches Leid durch irgendeine Tat im letzten Leben selbst verschuldet hat. Ich habe erfahren, daß diese Kraft nicht weit reicht. Wenn ich z.B. am Bett meines schwerkranken Kindes sitze, das die ganze Nacht nach Luft ringt, dann hilft mir das Bewußtsein, daß wir um eines großen geistigen Weltzusammenhanges willen leiden, ganz und gar nicht aus meiner rasenden Angst. Diese Angst sitzt ja auch nicht bloß im Kopf, sondern überschüttet Herz und Gefühle. Und was mir helfen soll, muß irgendwie dieses Herz anreden und beruhigen. „Ein väterlicher Daseinsgrund" oder ein „hohes, kosmisches Sonnenwesen" sind Begriffe, die den Kopf ansprechen, aber nicht das Herz. – Was soll ich mit ihnen anfangen in großer persönlicher Not?

Es hilft aber, so erfahre ich es immer wieder in diesen bedrängenden Alltagssituationen, wenn ich mir einen Vatergott vorstellen darf, der *hier* und *jetzt* meine Angst sieht und versteht und bereit ist, zu helfen und einzugreifen in den Ablauf des beängstigenden Geschehens:

„Fürchte dich nicht,
denn ich bin mit dir!
Blicke nicht ängstlich,
denn ich bin dein Gott.
Ich mache dich stark,
ja, ich helfe dir;
Ich halte dich
mit meiner sieghaften Rechten!"
Jesaja 41,10.

Es hilft mir, daß Jesus versprochen hat, „alle Tage bei euch zu sein", und mich auffordert, „alle meine Sorgen auf ihn zu werfen". Wer mit der konkreten und persönlichen Hilfe Jesu Christi im Alltag rechnet, und das ist für jeden Menschen auf der ganzen Welt so gedacht, der wird auch entdecken, daß es dabei nicht um abstrakte Vorstellungen geht, sondern sich seine beruhigende Gegenwart in einer beängstigenden Situation sehr wohl erfahren läßt.

Meine persönliche Not verlangt nach einer persönlichen Antwort. Ich muß in Gott ein konkretes Gegenüber haben, wenn er mir nicht gänzlich fern bleiben soll. Und die Bibel stellt uns Gott wirklich als „Vater" vor. „Vater", das ist ein Begriff, mit dem jeder von uns etwas anfangen kann, der mit unserem persönlichen Leben und Fühlen eng verbunden ist. Der ideale Vater ist gütig, treu, weise, liebevoll, auch streng, er schenkt Wärme, Geborgenheit, Sicherheit. Wir empfinden, daß ein Kind mit Recht solche Eigenschaften von seinem Vater erwartet. So dürfen wir dieses Recht auch gegenüber dem Gott der Bibel beanspruchen, der will, daß wir an ihn glauben „wie die Kinder".

Steiner möchte, daß wir unsere Verehrung, unsere emotionale Kraft auf „Wahrheit und Erkenntnis" richten. „Wärmt" aber Erkenntnis, schenkt sie Geborgenheit? Soll ich meine eigenen Erkenntnisse verehren?

Das Geschenk Gottes an uns und das Zeichen seiner Liebe zu uns ist die Tatsache, daß er sich durch Jesus Christus auf unsere menschliche Ebene herabbegeben hat. Indem Gott in Jesus Mensch geworden ist, dürfen wir erkennen, daß er die Verbindung zu uns sucht, daß unsere Gedanken und Gefühle ihm nicht fremd sind. Wir dürfen wissen, daß Gott die Sprache seiner Geschöpfe versteht und daß er uns nah sein *will*.

Nach Steiner besteht die Aufgabe „des Christus" nicht darin,

> „etwas Bestimmtes zu tun. Er braucht nur da zu sein. Die Tatsache, daß er unter uns und mit den Menschen lebt, ist bereits die Erfüllung seines Auftrags und der Beginn eines neuen, inneren Aufstiegs für die ganze Menschheit". [37]

Was tut Steiner, indem er den Auftrag Jesu Christi auf diese Weise reduziert? Er nimmt uns genau das weg, was uns Menschen so ganz persönlich mit Gott verbinden kann. Das entscheidende im Leben Jesu war doch, daß er sich uns als Mensch zeigte, als Bruder, Freund, Herr und Diener. Er sprach, er handelte, er bewies die Liebe Gottes zu uns durch seine Taten: Er heilte, er stillte Hunger, er erbarmte sich, er fühlte Mitleid, er legte die Hände auf Menschen und segnete sie, er ging zu den Ärmsten, den Kranken, den Sündern. Er war müde und überwand seine Müdigkeit, er wurde vom Teufel versucht und überwand die Versuchung, er hatte Angst und überwand seine Angst: „Mein Vater, ist es möglich, so gehe dieser Kelch an mir vorüber; doch nicht wie ich will, sondern wie du willst“ (Matthäus 26,30).

Er läßt sich gefangennehmen und ans Kreuz nageln. Aus Liebe zu den Menschen nimmt er unsere Sünden und Krankheiten auf sich, so daß frei werden kann, wer ihm vertraut. Jesus Christus ist in der ärmsten nur denkbaren Behausung auf die Welt gekommen – um damit den Ärmsten der Armen auf dieser Welt als Mensch und Gott nahe sein zu können.

Was für ein Unterschied zu dem „hohen, kosmischen Sonnenwesen“, das auf Erden nichts weiter zu tun hatte, als da zu sein! Zu einem solchen Wesen paßt es freilich, daß es sich erst in die Hülle des Menschen inkarnierte, als dieser seine *bedeutende* Tätigkeit begann, und dann kurz vor der Kreuzigung wieder davonschwebte.

Es ist schon seltsam, so sehe ich es heute, welche intellektuellen Verrenkungen die Menschen machen, um sich selbst das einzige wegzudenken und wegzuanalysieren, was ihnen wirklich helfen kann: ein persönlicher, liebevoller, gütiger, barmherziger, geduldiger, gerechter, treuer Gott in Jesus Christus, der in jeder nur denkbaren Lebenssituation bei uns sein und zu uns reden will.

Wie kommt der Mensch überhaupt dazu, sich dem Schöpfer aller Dinge geistig gleichzustellen? Das tut er nämlich, wenn er meint, sein menschlicher Geist sei dazu in der Lage, Gott und die Schöpfung in all ihren Erscheinungen und Geheimnissen vollständig zu erfassen. Wenn es möglich wäre, daß der Mensch die letzte Wahrheit über Leben und Ursprung des

Lebens erkennen kann – und der Materialismus und auch der Atheismus geben das vor –, dann würde das doch bedeuten: Der Geist Gottes kann nicht größer sein als der Geist des Menschen, oder umgekehrt: Der Geist des Menschen ist so groß wie der Geist, der alles erschaffen hat, der Millionen und Abermillionen unterschiedlichster Pflanzen und Lebewesen geschaffen hat, von denen nicht eines dem anderen gleicht! Wie kann ich es wagen, mir selbst ein Bild von Gott zurechtzumachen – es wird meinen kümmerlichen geistigen Fähigkeiten entsprechen – und mir einzubilden, ich sei in der Lage, der Weisheit letzten Schluß zu finden? Wie schrecklich, wenn der Geist Gottes so klein wäre, daß ihn ein Mensch – und sei er der klügste – begreifen könnte! Wie schrecklich, wenn der Geist Gottes nicht größer wäre als der Geist des Menschen, der doch letztlich nichts anderes erreicht hat, als alles Geschaffene der Zerstörung und dem Untergang entgegenzutreiben, und der nun erkennen muß, daß er, der wie Gott sein wollte, diese Zerstörungskräfte nicht mehr im Griff hat.

Wenn wir uns mit der Einsicht bescheiden, daß unser menschlicher Geist allein nicht dazu in der Lage ist, Gott und damit die ganze Wirklichkeit zu begreifen, dann sind wir natürlich darauf angewiesen, daß Gott sich uns irgendwie zeigt, sich offenbart. Wir brauchen eine Möglichkeit, unsere eigenen Vorstellungen und Gedanken über Gott, über den Sinn unseres Lebens, über das, was nach dem Tode kommt, über die Frage der Verantwortlichkeit für das, was wir in unserem Leben tun, an einem „objektiven Maßstab" auszurichten – an etwas außerhalb unserer selbst. Denn das Leben ist größer, als unser Verstand es umfassen kann.

„So sehr hat Gott die Welt geliebt, daß er seinen einzigen Sohn gab ..." (Johannes 3,16). Gott hat sich uns mit dem Kommen Jesu Christi offenbart. In der Bibel finden wir seine Maßstäbe, an denen wir unser Denken, Fühlen und Handeln ausrichten können. Wenn wir die Bibel allerdings nur als „Menschenwerk" betrachten, als historisches Dokument oder als Mischung aus Dichtung und Wahrheit, und wenn wir Jesus nur als unseresgleichen – vielleicht in besonders wertvoller

Form – ansehen wollen, dann haben wir nichts, dann bleiben wir allein mit unseren Theorien, Religionen, Vorstellungen, Ideologien, Weltanschauungen und Kriegen dazu, welches wohl die Wahrheit ist. Alles, was wir uns zu den Grundfragen unseres Lebens ausdenken könnten, und sei es intellektuell noch so hochstehend, es bliebe letzten Endes wertlose Spekulation.

Nicht unserem kühlen Intellekt offenbart sich Gott, sondern dem, der seine Begrenztheit und Bedürftigkeit zugibt und sich von ihm beschenken läßt wie ein Kind. „Wenn ihr nicht umkehrt und werdet wie die Kinder“, sagt Jesus, „so werdet ihr nicht ins Reich der Himmel kommen (Matthäus 18,3). Dieser kindlich vertrauende Glaube wird konkret im Glauben an die Person Jesus Christus. Es erfordert einen Entschluß. Ich warte nicht, bis ich das Gefühl habe, glauben zu können, sondern ich entschließe mich dazu, ihm zu vertrauen und zu gehorchen. Im selben Maße, wie ich mein Leben der Führung Jesu unterstelle, also nicht mehr meinen eigenen Fähigkeiten vertraue, sondern Ihm vertraue, kann Gott sich mir offenbaren. Er kann mir auf dieser Grundlage auch Weisheit und Erkenntnis schenken. Er kann sich mir so weit zeigen, daß ich mein Leben in seinem Sinne führen und gestalten kann. Und damit bin ich dann auch so gut beschäftigt und ausgefüllt, daß ich den Mangel, den mir meine begrenzte Erkenntnisfähigkeit auferlegt, gar nicht weiter empfinde.

Nachwort

Es bleibt die Frage offen, wie man die anthroposophischen Einrichtungen beurteilen soll, die offensichtlich erheblich erfolgreicher und „zeitgemäßer“ arbeiten als z.B. die entsprechenden Staatsschuleinrichtungen. Vieles, was heute allgemein angestrebt wird, findet man in der anthroposophischen Bewegung schon vor 60 Jahren verwirklicht. Im Kursbuch Nr. 55 wird das so ausgedrückt:

> „Als linke Hasen rennen wir uns nach sozialistischen Träumen die Hacken ab, und wenn wir wo hinkommen, steht da oft ein anthroposophischer Igel und sagt: ‚Ätsch, bin schon da!‘ Hier ist ein klassenloses Krankenhaus, dort eine eigene Genossenschaftsbank, da sind selbstverwaltete Kindergärten und Schulen, Verlage, alternative Heil- und Therapieeinrichtungen, Tagungsstätten, freie Kunstakademien, Arzneimittelfabriken, biodynamische Landwirtschaftsbetriebe und anderes.“ [38]

Obwohl ich nur wenige anthroposophische Einrichtungen mit eigenen Augen gesehen habe und kaum beurteilen kann, wie und vor allem wie anthroposophisch dort gearbeitet wird, möchte ich folgendes zu bedenken geben:

Kann es sein, daß der zunehmend gute Ruf, den die anthroposophischen Einrichtungen, insbesondere die Waldorfschulen, heute genießen, mit dem schlechten Ruf der entsprechenden staatlichen Einrichtungen zusammenhängt? Profitiert die Waldorfschule nicht einfach von den unübersehbaren Mängeln des Staatsschulsystems? Als meine Brüder vor dreißig Jahren in die Waldorfschule kamen, sprach noch niemand von ihr als einer besseren Alternative zum Staatsschulsystem. Meine Brüder gingen im Gegensatz zu den heutigen Waldorfkindern sehr ungern zur Schule, während ich eine „freudige“ Staatsschülerin war und sie bedauerte, weil sie „nicht einmal ordentliche Zensuren bekamen, sondern nur so ein paar verschwommene Beurteilungen“.

Eine Sache wird nicht dadurch wahr oder richtig, daß sie „zeitgemäß“ ist. Der Nationalsozialismus und die dahinterstehenden Überzeugungen waren auch einmal „zeitgemäß“. Ebensowenig wird eine Sache dadurch wahr, daß ihr immer mehr Menschen anhängen und große Leistungen in jeder nur denkbaren Hinsicht für sie erbringen. Rudolf Steiner war ein schwer arbeitender Mann, der sich nur wenig Schlaf gönnte, um überall zur Stelle zu sein, wo er sprechen konnte oder sein Rat gebraucht wurde. Diese positiven Eigenschaften kennzeichnen aber, soweit ich das überblicken kann, alle Führer ideologischer und weltanschaulicher Bewegungen. Sie haben ja Neues zu bringen, egal ob aufbauend oder zerstörend, und dieses Neue muß gegen das meist zählebige Alte durchgesetzt werden. Damit ist es aber noch nicht besser als das Alte, nur eben „neuer“.

Es ist wohl Kennzeichen jeder Überzeugung und jeder Ideologie, daß auf ihrem Boden, gleichgültig, von welcher Qualität er ist, immer auch sehr viel Positives von überzeugten und motivierten Menschen geleistet wird. Es ist eben möglich, wunderschöne Häuser auf Sand zu bauen.

Von der Tatsache, daß Hitler die Arbeitslosigkeit beendet und damit die Existenz unzähliger Familien gerettet hat, wird noch heute geredet, und diese scheinbar so positive und gewaltige Leistung war wohl einer der Hauptgründe dafür, daß sich ihm die Herzen und Ohren unzähliger Menschen öffneten. Wie viele Nationalsozialisten haben dem Diktator wohl hingebungsvoll, treu und aufopfernd gedient und ihm ihre besten Kräfte zur Verfügung gestellt? Wie viele waren es, die *wirklich* das offensichtlich Böse nicht wahrnahmen, sondern meinten, einer menschheitserlösenden Ideologie ihr Leben geweiht zu haben?

Ich möchte Rudolf Steiner und Adolf Hitler damit auf keinen Fall auf eine Stufe stellen, aber mir erscheint der Hinweis wichtig, daß die Tatsache, daß Menschen einer Sache hingebungsvoll dienen und dabei auch für ihre Mitwelt unter Umständen sehr wertvoll erscheinende Leistungen erbringen, noch gar nichts darüber sagt, ob die dahinterstehende Weltanschauung menschheitsfördernd oder menschheitszerstörend ist. Auf keinen Fall möchte ich den Anthroposophen ihren Einsatz und ihre Hingabe absprechen. Auch bin ich überzeugt davon, daß in den anthroposophischen Einrichtungen vieles besser und menschenfreundlicher läuft als in den staatlichen, aber ich meine, der Grund für dieses „besser" und „menschlicher" liegt in der Hingabe und Motiviertheit, mit der gearbeitet wird, und nicht in der Qualität der Anthroposophie selbst. Ich bin selbst das beste Beispiel dafür, mit welcher Freude, Leidenschaft und Einsatzbereitschaft ein Mensch für eine Sache arbeiten kann, die er später als eine Verirrung erkennen muß.

Literatur

F.W. Bautz, Die Christengemeinschaft – Worte der Aufklärung und Abwehr, Schriftenmissions-Verlag Gladbeck 1976.

Otto Fränkl-Lundborg, Was ist Anthroposophie?, Herausgegeben von der Freien Hochschule für Geisteswissenschaft Dornach.

Johannes Hemleben, Rudolf Steiner in Selbstzeugnissen und Bilddokumenten, Rowohlt 1963.

Traugott Kögler, Anthroposophie und Waldorfpädagogik, Hänssler-Verlag 1983.

Vera Pierott, Anthroposophie – eine Alternative?, Hänssler-Verlag 1982.

Rudolf Steiner, Wie erlangt man Erkenntnisse der höheren Welten?, Verlag Freies Geistesleben Stuttgart 1955.

Rudolf Steiner – Eine Erinnerung an die Rudolf-Steiner-Ausstellung, Hrsg. vom Goetheanum Dornach 1961.

Gerhard Wehr, Rudolf Steiner – Wirklichkeit, Erkenntnis und Kulturimpuls, Aurum-Verlag 1982.

Quellenverzeichnis

1 Pierott, S. 18
2 Keysersches Fremdwörter-Lexikon
3 Erkenntnisse, S. 15
4 Pierott, S. 119
5 Goetheanum, S. 14
6 Bautz, S. 9
7 Hemleben, S. 90
8 Kögler, S. 27
9 Kögler, S. 27
10 Fränkl-Lundborg, S. 12
11 Fränkl, S. 17
12 Fränkl, S. 17
13 Fränkl, S. 18
14 Fränkl, S. 29
15 Fränkl, S. 22
16 Pierott, S. 185
17 Wehr, S. 72
18 Erkenntnisse, S. 184
20 Kögler, S. 29
21 Pierott, S. 186
22 Pierott, S. 188
23 Kögler, S. 19
24 Hemleben, S. 64
25 Pierott, S. 233
26 Pierott, S. 184
27 Fränkl, S. 7
28 Fränkl, S. 9
29 Pierott, S. 73
30 Pierott, S. 172
31 Fränkl, S. 22
32 Fränkl, S. 27
33 Wehr, S. 134
34 „Wenn du in das Land kommst, das dir der Herr dein Gott geben wird, so sollst du nicht lernen tun die Greuel dieser Völker, daß nicht unter dir gefunden werde, der Sohn oder Tochter durchs Feuer gehen lasse, oder ein Weissager oder ein Tagewähler oder der auf Vogelgeschrei achte, oder ein Zauberer oder Beschwörer oder Wahrsager oder Zeichendeuter oder der die

Toten frage. Denn wer solches tut, ist dem Herrn ein Greuel ...", 5. Mose 18,9ff.
„Ihr sollt euch nicht wenden zu den Wahrsagern, und forscht nicht von den Zeichendeutern, daß ihr nicht an ihnen verunreinigt werdet; denn ich bin der Herr, euer Gott", 3. Mose 19,31.
„Mein Volk befragt sein Holz, und seine Rute soll ihm Auskunft geben; denn der Geist der Abgötterei hat sie verführt", Hosea 4,12.
Diese Bibelworte habe ich ausgesucht unter dem Gesichtspunkt, daß das Hellsehen unter „Wahrsagerei und Weissagerei" einzuordnen ist und von Gott entsprechend streng untersagt ist. Ich denke, es ist dabei nicht von Bedeutung, unter welchen geistigen Anstrengungen hellseherische Fähigkeiten erworben werden, ob also mediale Fähigkeiten bestehen oder ob Denk- und Bewußtseinsschulung betrieben wird.

35 Wehr, S. 189

36 Fränkl, S. 10

37 Kögler, S. 30

38 Josef Huber, „Astral-Marx", in Kursbuch 55, Berlin 1979. Zit. in Pierott, S. 10

Ursula Koch

Wie eine Lilie unter Dornen

Begegnungen mit Hanna, Ruth, Bathseba und anderen

140 Seiten. Fester Einband

Die Frauen des Alten Testaments! Kluge, tiefsinnige, theologische Abhandlungen gibt es über sie. Aber was wissen wir wirklich über die wagemutige Ruth, über die begehrenswerte Bathseba, über Hanna, was über Hagar oder Rizpa? Was darüber, wie sie – als Frauen ihrer Zeit – lebten, liebten, welches Glück, welches Leid sie erfuhren?
Gleichermaßen aufregend wie interessant, sensibel und mitfühlend geschrieben, nehmen uns diese Erzählungen hinein in die Welt der Frauen des Alten Testaments. So bleiben sie – die Hagar und Ruth, die Bathseba, Hanna oder Rizpa – nicht länger uns mehr oder weniger fremde „Frauengestalten der Bibel“. Wir erleben sie vielmehr als unsere Schwestern, begegnen ihnen in ihrer Welt, leben mit ihnen und – wir verstehen sie. Möglich, daß sie uns in diesen Begegnungen sehr nahe kommen, ja, daß wir etwas von unserem eigenen Hoffen, Lieben und Leiden in ihrer so alten Geschichte wiederfinden.

BRUNNEN VERLAG GIESSEN

Klaus Bockmühl

Hören auf den Gott, der redet

112 Seiten. ABCteam-Paperback. 2. Auflage

Hören auf Gott. Klaus Bockmühl läßt uns teilnehmen an den Erfahrungen bedeutender Persönlichkeiten aus Bibel, Kirchengeschichte und Neuzeit. Die apostolische Zeit mit ihren atemberaubenden Geschichten göttlicher Führung tritt uns ebenso vor Augen wie manche Irrwege in der späteren Kirchengeschichte.

Das letzte Kapitel zieht Konsequenzen aus diesen vielfältigen Zeugnissen über Gottes Reden. Es zeigt auf, was dem Hören auf Gott im Weg steht, weist auf Form und Inhalt des Hörens hin, deckt Irrwege auf und ermutigt, ganz neu auf Gott zu hören.

Klaus Bockmühl hat dieses Buch wenige Wochen vor seinem Tod abgeschlossen. Es ist sein Vermächtnis an die christliche Gemeinde und ein „Erbauungsbuch“ im besten Sinne des Wortes.

BRUNNEN VERLAG GIESSEN